10대에게
꼭 필요한
인생 명언

10대에게 꼭 필요한 인생 명언

| 김이율 지음 |

미래문화사
MIRAE

그대라는 별이 빛나기를 바라며

우리는 매일 무언가를 감당하며 살아갑니다.

공부는 끝이 없고, 친구 관계는 언제나 조심스러우며,

가족 안에서도 때로는 외롭습니다.

진로에 대한 물음표는 늘 마음 한구석에 붙어 있고,

자신에 대한 기대와 의심은 번갈아 가며 마음을 흔듭니다.

어른도, 그렇다고 아무것도 모르는 어린이도 아닌 이 시절은,

어쩌면 인생에서 가장 복잡한 계절일지도 모릅니다.

저는 그런 당신의 시간을 보며 자주 이런 생각을 합니다.

'이렇게 흔들리면서도 오늘을 살아 내는 당신은,

정말 멋진 사람이다.'

그 말부터 꼭 먼저 전해 주고 싶었습니다.

이기고 싶지만 다정하고도 싶고,

포기하고 싶지만 아직 꿈도 꾸고 싶은,

웃고 있지만 사실은 누구보다 외로운 날도 많은,

그 복잡한 마음을 품고 살아가는 당신의 곁에

작은 그늘이자, 조용한 벤치 같은 책이 되고 싶었습니다.

바람 부는 날이면 그 바람을 함께 느껴 주고,

비 오는 날엔 젖은 신발을 잠시 말릴 수 있도록

잠깐 머물 수 있는 마음의 안식처 말입니다.

책 속에는 오랜 세월 동안 사람들의 마음을 일으켜 세운 명언들이

담겨 있습니다.

어떤 말은 단 몇 글자에 불과하지만, 그 말이 탄생하기까지

얼마나 많은 아픔과 고민이 있었는지를 생각하면

짧은 문장 하나가 가슴을 깊이 울릴 수 있다는 걸 알게 됩니다.

저는 단순히 '좋은 말'만 모은 책을 만들고 싶지 않았습니다.

어떤 말은 지금의 당신에게 희망이 될 수 있고,

또 어떤 말은 지나온 시간을 다정히 안아 줄 수 있습니다.

그래서 그 문장이 어떤 마음에서 태어났는지,

지금의 당신과는 어떤 연결고리를 가질 수 있는지를 함께 나누고

싶었습니다.

마치 어두운 밤에 하나씩 켜지는 가로등처럼,

이 책의 말들이 당신의 마음길을 비추는 빛이 되기를 바랐습니다.

그리고 그 빛이 언젠가는 당신 스스로의 목소리로 바뀌어,

당신 안의 별처럼 오래오래 빛나기를, 저는 진심으로 소망합니다.

그래서 이 책은 세 가지 방식으로 구성되어 있습니다.

먼저, 오늘의 문장을 통해 함께 마주할 명언 하나를 소개하고,

그다음에는 그 명언이 우리에게 주는 질문,

그리고 마지막으로 지금 당신의 하루에 닿을 수 있도록 그 말에 담

긴 메시지를 풀어낸 글을 전합니다.

이 글들은 꼭 '정답'이 아닙니다.

그저 당신이 지금 어디쯤에 있든,

잠깐 걸음을 멈추고 스스로에게 묻고, 다짐하고, 생각할 수 있도록

곁에 놓인 작은 등불이면 좋겠습니다.

이 책을 읽는 동안만큼은

'나만 그런 게 아니구나', '나도 괜찮은 사람이구나' 하고

조금이나마 따뜻해졌으면 좋겠습니다.

그리고 무엇보다,

당신이 이 세상에 존재한다는 사실이 얼마나 소중한지를

다시 한번 느낄 수 있기를 바랍니다.

2025년 8월 김이율

내일을 여는 꿈, 준비된 희망

내 안의 별

우리는 모두 별을 품고 있다.

We all carry stars within us.

- 생텍쥐페리

너의 별은 지금 어떤 모습을 하고 있니?

내 안의 별이 가장 아름답게 빛나도록 가꿀 거야!

생텍쥐페리

생텍쥐페리는 프랑스의 작가이자 비행사이다. 비행 경험을 바탕으로 인간 존재의 의미와 관계, 상상력의 가치에 대한 작품들을 남겼다. 대표작인 《어린 왕자》는 전 세계적으로 사랑받는 명작이며, 《야간 비행》, 《인간의 대지》 등의 작품이 있다.

넓은 우주에 비하면 먼지 같다고 생각하기도 하지. 하지만 생텍쥐페리는 우리 각자가 '별을 품고 있다'고 말해. 우주 저 멀리 빛나는 별들처럼, 우리 안에는 고유한 빛과 무한한 잠재력이 있다는 거야.

어쩌면 우리는 살면서 그 별이 있다는 사실을 잊거나, 세상의 시선 때문에 애써 그 빛을 가두려 할지도 몰라. 하지만 기억해. 네 안에 있는 별은 아무도 가질 수 없는 너만의 빛깔과 온도를 가졌다는 것을. 그 별은 네 꿈이 되고, 네 용기가 되고, 세상을 향해 반짝이고 싶은 네 진심이 될 수 있어.

지금 혹시 네 안의 별이 너무 희미하게 느껴지니? 괜찮아. 잠시 먹구름에 가려져 있을 뿐, 그 별은 사라지지 않아. 그 별을 다시 빛나게 하는 건 바로 너 자신이야. 네 안의 목소리에 귀 기울이고, 네가 진정으로 원하는 것에 용기를 내 봐.

너는 별을 품고 있기에, 어떤 어둠 속에서도 길을 잃지 않고 너만의 빛을 따라 나아갈 수 있을 거야. 네 안의 별이 가장 아름답게 빛나도록, 오늘 하루 너 자신을 믿고 아껴 주렴.

꿈의 힘

꿈은 이루어진다.

Dreams come true.

- 월트 디즈니

너에게 가슴 뛰게 하는 꿈이 있니?

내 꿈을 향한 걸음을 멈추지 않을 거야!

월트 디즈니

월트 디즈니는 미국의 기업가, 애니메이터, 영화 제작자이다. 디즈니 왕국을 건설하며 애니메이션, 영화, 테마파크 등 다양한 분야에서 혁신을 이루었다. 그의 이름은 상상력과 창의성, 그리고 불가능해 보이는 꿈을 현실로 만든 인물로 기억된다.

꿈이라는 것은 어느 날 갑자기 하늘에서 떨어지는 기적이 아니야. 꿈은 가만히 앉아서 기다린다고 저절로 눈앞에 나타나지 않는다는 얘기야. 선명하게 그리고 구체적으로 계획해야 비로소 꿈이 생기는 거야.

또한 때로는 실패하더라도 다시 일어서는 용기와 끈기가 필요해. 남들은 터무니없다고 말할지라도 마음속 깊이 그 꿈의 가능성을 믿는 단단한 신념이 중요하지.

지금 네가 꾸는 꿈은 무엇이니? 혹시 너무 멀게 느껴져서 포기하고 싶진 않니? 기억해. 월트 디즈니의 거대한 왕국도 작은 생쥐 캐릭터 하나에서 시작되었어. 네 꿈도 마찬가지야. 아주 작은 아이디어, 아주 사소한 행동 하나하나가 모여 결국 현실이라는 이름의 성을 쌓아 올리게 될 거야.

포기하지 않고 한 걸음씩 나아가는 너의 용기가 바로 꿈을 현실로 만드는 마법이야. 네 꿈은 반드시 이루어질 거야. 믿고, 행동하고, 절대 멈추지 마.

원대한 포부

소년들이여, 야망을 가져라.

Boys, be ambitious.

- 윌리엄 스미스 클라크

네 마음속에서 불꽃 같은 야망은 무엇이니?

세상의 편견에 흔들리지 않고 나만의 큰 뜻을 이뤄 낼 거야!

윌리엄 스미스 클라크

미국의 교육자이자 화학자이다. 일본 홋카이도 대학의 전신인 삿포로 농학교 초대 교감으로 부임하여 학생들에게 참교육을 실천했다. 그가 남긴 명언은 전 세계 젊은이들에게 도전과 성취의 정신을 불어넣기에 충분했다.

'나는 무엇을 이루고 싶은가?', '어떤 사람이 되고 싶은 가?'라는 너만의 심장을 꺼내 봐. 그것은 네 안의 깊이 잠든 잠재력을 깨우고 너를 더 높은 곳, 미지의 아름다운 세계로 이끌어 갈 강력한 동기가 될 거야. 마치 흙 속에서 빛을 기다리는 보석처럼.

삶은 때때로 우리를 작게 만들거나 익숙한 현실에 안주하게 유혹하기도 해. '괜찮아, 이만하면 됐어'라는 달콤한 속삭임에 귀 기울이다 보면 네 안의 야망은 점점 희미해져 모래성처럼 부서질 수도 있어.

하지만 기억해. 인류의 위대한 발명도, 역사를 뒤흔든 변화도 그리고 네 눈앞에 펼쳐질 빛나는 미래도 모두 처음에는 작은 꿈에서 시작되었어.

그 야망이 크든 작든 중요하지 않아. 중요한 것은 네 가슴속에 그 불꽃을 소중히 품고 어떤 어려움 속에서도 그것을 향해 나아가는 용기를 가지는 거야.

지금 네 안에는 어떤 야망이 숨 쉬고 있니? 너의 야망은 결코 너를 배신하지 않을 거야.

꿈이 시작되는 아침

꿈을 꾸는 사람만이 미래를 가진다.

Only those who dream have a future.

– 맬컴 포브스

오늘 너는 꿈을 위해 어떤 그림을 그리고 있니?

내 안의 있는 꿈을 끊임없이 키워 나갈 거야!

맬컴 포브스

미국의 기업인이자 출판업자이다. 경제 전문지 〈포브스〉를 발행하며 미디어 업계를 이끌었으며, 열정적이고 도전적인 삶을 살았다. 그의 낙천적이고 긍정적인 메시지는 많은 이들에게 영감을 주었다.

누구나 매일 반복이라는 거울 앞에서 바쁘게 살아가. 오늘 할 일, 당장 눈앞의 문제들에 매몰되어 정작 미래를 그리는 꿈을 잊어버리곤 하지. 그래서 어디로 가야 할지 모르는 채 맹목적으로 하루를 보내게 돼. 목표 없이 흘러가는 그 삶은 금방 지치고 의미를 잃게 돼.

설마 그런 삶을 원하는 건 아니겠지? 꿈을 절대로 놓쳐선 안 돼. 꿈을 꾸는 순간, 보이지 않던 길도 조금씩 보이기 시작하고 잠자고 있던 열정이 깨어나며 상상했던 것 이상의 가능성이 펼쳐지기 시작해. 꿈은 우리를 현재에만 머무르지 않고 더 나은 내일을 향해 도전하게 만드는 강력한 힘을 가지고 있어.

잠시 멈춰 서서 네 마음 가장 깊은 곳에 있는 그 꿈의 씨앗을 다시 꺼내 봐. 그 꿈이 어떤 모습이든 괜찮아. 크든 작든, 당장 이루기 어렵더라도 상관없어. 꿈을 꾸는 것만으로도 너는 이미 미래를 향한 첫발을 내디딘 것이나 다름없으니까. 너만의 멋진 미래를 만들어 갈 거니까.

더 높이 오르기

더 높이 나는 새가 더 멀리 본다.

The gull sees farthest who flies highest.

– 리처드 바크

지금 어디를 향해 날아가고 있니?

나만의 속도로, 나만의 방향으로 날아갈 거야!

리처드 바크

리처드 바크는 미국의 작가이자 비행사이다. 그의 작품들은 자유와 자아실현에 대한 메시지를 담고 있으며, 비행 경험을 소재로 한 글이 많다. 대표작으로 전 세계적 베스트셀러인 《갈매기의 꿈》이 있으며, 《환상》, 《영원의 다리》 등의 저서가 있다.

산꼭대기에 오른 적이 있니? 그곳에서 세상을 내려다보면 낮은 곳에선 보이지 않던 풍경이 펼쳐지지. 이처럼 높이 난다는 건 단순히 남들보다 앞서가는 게 아니라 멀리 보고 더 큰 꿈을 품는 거야. 낮은 곳에선 길이 잘 안 보이지만 점점 더 높이 날면 길도 방향도 분명해져.

넌 지금 어느 높이에 있니? 혹시 너무 낮은 곳에 머물면서 아주 넓은 세상이 보이지 않는다고 투덜대는 건 아니니? 너의 시야와 너의 꿈을 풍선처럼 띄워 봐. 바람을 거슬러도 괜찮아.

진짜 중요한 건 '어디까지 오를 수 있느냐'가 아니라 '얼마나 멀리 보고 싶으냐'야. 더 높이 나는 너는 결국 더 멀리 보며 네게만 보이는 풍경을 만날 테니까.

그 풍경 속에는 너의 가장 빛나는 순간과 아직 발견하지 못한 가능성이 숨어 있을 거야. 높은 곳에서만 비로소 진정한 자유를 느끼고, 세상의 복잡한 소음 대신 고요한 바람 소리와 너의 심장 소리에 귀 기울일 수 있게 될 거야.

네 안의 날개를 믿어 봐. 상상 이상의 높이로 너를 이끌어 줄 테니.

넘어짐의 고마움

실수는 배움의 일부다.

Mistakes are part of the learning process.

– 존 맥스웰

마음에 오래도록 남는 실수가 있니?

나는 실수를 두려워하지 않을 거야!

존 맥스웰

미국의 리더십 전문가이자 작가, 강연자이다. 수십 권의 저서를 통해 성장, 실패, 리더십에 대한 통찰을 전하며 많은 사람에게 동기를 부여해 왔다. 그의 말처럼, 실수는 끝이 아니라 새로운 시작이 될 수 있다는 믿음을 강조한다.

연필로 쓴 글에는 지우개 자국이 따라다녀. 조심스럽게 썼지만 어딘가는 틀렸고 그래서 다시 고쳤다는 흔적이지. 이처럼 실수는 자국 같은 거야. 어떤 실수는 아프고 어떤 실수는 부끄럽지.

하지만 그 자국이 있다고 해서 너무 실망할 필요는 없어. 오히려 더 정직한 기록이야. 완벽하지 않았다는 걸 인정하고 다시 해 보려 했다는 증거잖아. 누구나 실수나 실패를 할 수 있어. 넘어졌다면 다시 일어나면 돼. 그리고 넘어졌다는 건 적어도 내가 걸어 보려 했다는 말이야.

배움이란 정답을 쌓는 일이 아니야. 오답을 만나고 거기서 뭔가를 느끼고 다음엔 조금 다르게 해 보는 거야. 그 과정에서 조금씩 너는 자라고 있어.

실수 없이 걷는 길은 없어. 꽃도 한번은 시들어야 다시 피고 물감도 번져야 그림이 깊어져. 그러니 실수했다고 너 자신을 너무 미워하지 마. 틀린 줄 알았던 그 조각들이 사실은 너만의 무늬가 될 수도 있어.

괜찮아. 실수도 네 인생이라는 퍼즐의 조각일 뿐이야.

나를 알아 가는 용기

너 자신을 알라.

Know thyself.

– 소크라테스

지금 네 마음속에서 가장 솔직한 감정은 뭐라고 말하고 있니?

나는 내 안의 목소리를 외면하지 않을 거야!

소크라테스

고대 그리스의 철학자이다. 그는 끊임없는 질문과 대화를 통해 인간 존재와 진리에 다가가고자 했다. '너 자신을 알라'는 그의 대표적인 말은 델포이 신전에도 새겨졌을 만큼 인간이 추구해야 할 지혜의 본질을 담고 있다.

세상엔 많은 질문이 있어. "넌 꿈이 뭐야?" "어디까지 가고 싶어?" "무엇이 되고 싶니?" 그런데 어쩌면 그 모든 질문 앞에 먼저 있어야 할 질문이 하나 있어.

'나는 누구일까?'

너 자신을 알라는 말은 네가 어떤 사람인지, 무엇에 웃고, 무엇에 상처받는지, 무엇을 좋아하고, 무엇 앞에서 작아지는지를 천천히 들여다보라는 말이야.

우리는 종종 남들의 시선 속에서 나를 찾으려 해. 좋은 사람, 괜찮은 아이, 인정받는 존재. 하지만 그건 진짜 '나'가 아닐 수도 있어. 거울 속 얼굴이 낯설게 느껴지는 날이 있다면 어쩌면 네가 네 마음을 아직 다 만나지 못한 걸지도 몰라. 자신을 안다는 건 모든 걸 완벽하게 알겠다는 게 아니야. 그건 너를 조금 더 이해하고 네 편이 되어 주는 과정이야.

'나의 지금 마음은 뭘까?' '난 지금 괜찮나?' 하루 중 잠깐이라도 나에게 솔직해지는 순간을 꼭 가졌으면 해. 진짜 너를 만났으면 해.

내 안의 재능

삶의 의미는 당신의 재능을 발견하는 것이다.
삶의 목적은 그것을 나눠 주는 것이다.

The meaning of life is to find your gift. The purpose of life is
to give it away.

- 파블로 피카소

너만이 가진 특별한 재능이 있니?

내 재능을 발견하고 세상과 나누며 살아갈 거야!

파블로 피카소

파블로 피카소는 20세기 최고의 화가 중 한 명으로, 스페인 출신의 예술가이다. 입체파의 창시자로 불리며 평생 15만 점이 넘는 작품을 남겼다. 〈게르니카〉, 〈아비뇽의 처녀들〉 등이 대표작이며, 끊임없이 새로운 화풍을 시도하며 예술의 경계를 넓혔다.

가끔 우리는 재능이라는 말 앞에서 위축되곤 해. 재능이란 특별한 사람들만 타고나는 거대한 무언가라고 생각하면서 말이야. 하지만 피카소는 말해. 삶의 의미가 바로 그 재능을 발견하는 것이라고.

발견한다는 건 이미 네 안에 있다는 뜻이야. 너의 재능은 거창한 무대 위에서만 빛나는 게 아닐 수도 있어. 친구의 마음을 따뜻하게 어루만져 주는 것, 복잡한 문제를 단순하게 풀어내는 것, 작은 것에서도 아름다움을 찾아내는 것…. 이 모든 것이 다 너만의 재능이 될 수 있거든.

지금 당장 네 재능이 뭔지 모르겠다고? 괜찮아. 삶은 긴 여행이고 보물찾기의 과정이니까. 오늘 하루 네가 하는 일들, 네가 좋아하는 것들, 네가 자연스럽게 잘하는 것들을 한번 돌아봐.

네 안의 재능을 찾는 탐험가가 되어 봐. 그게 바로 너라는 존재가 이 세상에 온 이유일 테니까.

안주하지 않는 삶

만족한 돼지가 되느니 불만족한 사람이 되겠다.

It is better to be a human being dissatisfied than a pig satisfied.

- 존 스튜어트 밀

Today's question

너의 마음을 온전히 채우는 것은 무엇이니?

Today's promise

나는 안주하지 않고 더 고민하고 노력할 거야!

존 스튜어트 밀

영국의 철학자이자 경제학자, 정치 이론가이다. 그는 공리주의를 발전시키고 자유주의 사상에 큰 영향을 미쳤다. 특히 《자유론》과 《여성의 종속》을 통해 개인의 자유와 권리, 그리고 여성 해방을 옹호했다.

돼지는 그냥 배부르고 등 따뜻하면 세상 행복해. '오늘 뭐 먹지?', '어디서 잘까?' 이 정도만 고민하면 끝이야. 더 깊은 생각이나 복잡한 감정은 없지. 근데 우리는 어때?

맛있는 걸 먹어도, 좋은 옷을 입어도 가끔은 뭔가 허전하고 '이게 다인가?' 싶은 마음이 들 때가 있잖아. 새로운 걸 배우고 싶고 왜 그래야 하는지 궁금하고 친구와 더 깊은 이야기를 나누고 싶고…. 이런 감정들이 바로 우리를 인간답게 만드는 것들이야.

이걸 달리 말하면 '고차원적인 만족'이야. 때로는 이 과정이 힘들고 머리 아플 수도 있어. '내가 왜 이 어려운 걸 하고 있지?' 싶은 순간도 올 거야. 하지만 그런 불편함과 불만족이 우리를 더 멋진 사람으로 만들어 주는 연료가 돼.

그러니까 단순히 배부르고 편안한 삶에 만족하기보다 '왜 그럴까?'라는 질문을 던지고 '이것보다 더 좋은 방법은 없을까?' 고민하면서 성장통을 겪는 사람이 되었으면 해. 그게 인간다운 삶이고 너를 증명하는 길이니까.

자신만의 빛

패션은 변하지만 스타일은 남는다.

Fashion changes, style remains.

- 코코 샤넬

너만의 변치 않는 스타일은 무엇이니?

나는 나만의 본질적인 아름다움을 찾아 가꿀 거야!

코코 샤넬

프랑스의 전설적인 패션 디자이너이자 샤넬 브랜드를 창립한 인물이다. 그녀는 화려하고 값비싼 명품을 만들었지만 동시에 삶의 진정한 가치는 물질에 있지 않다는 역설적인 지혜를 남겼다.

패션은 바람처럼 변하는 계절 같아. 오늘은 밝은 봄바람에 흔들리고 내일은 차가운 겨울바람에 휩쓸리지. 유행하는 옷이나 머리 모양도 그렇지. 한순간 반짝이다가 어느새 사라지는 별빛처럼 지나가 버려.

하지만 스타일은 달라. 스타일은 너의 마음에서 자라는 깊은 뿌리 같은 거야. 겉모습이 아니라 너의 생각, 태도 그리고 네가 세상과 어떻게 만나고 소통하는지가 바로 스타일이지. 오랜 세월을 견뎌 내며 단단해진 나무처럼 시간이 지나도 변하지 않고 너만의 빛을 내는 거야.

패션은 입는 것이고 스타일은 사는 방식이지. 어떤 옷을 입느냐보다 그 옷을 어떻게 소화하고 너 자신답게 만드는지가 훨씬 중요해. 사람들은 결국 네가 어떤 옷을 입었는지가 아니라 네가 어떤 사람이었는지를 기억하거든. 그래서 너무 유행에 흔들리지 말고 너만의 스타일을 찾아갔으면 해.

내가 태어난 이유

당신의 인생에서 가장 중요한 날은
당신이 태어난 날과 그 이유를 깨닫는 날이다.

The two most important days in your life are the day you are
born and the day you find out why.

– 마크 트웨인

너는 무엇을 위해 이 세상에 왔다고 생각하니?

나는 매일매일 나만의 소명을 찾고 의미 있는 삶을 살아갈 거야!

마크 트웨인

미국의 유머 작가이자 풍자 작가, 소설가이다. 《톰 소여의 모험》, 《허클베리 핀의
모험》 등 미국 문학의 고전으로 꼽히는 작품들을 남겼다. 그는 날카로운 통찰과 유
머러스한 문체로 인간 본성과 사회 현상을 풍자했다.

사람은 누구나 세상에 단 한 번, 단 하나로 태어나. 누군가는 꽃처럼 조용히 피어나고 누군가는 폭죽처럼 반짝이며 오지. 하지만 중요한 건 '어떻게 태어났느냐'가 아니라 '왜 태어났는가'를 스스로 알아차리는 순간이야.

처음엔 아무도 몰라. 태어났다는 이유만으로 세상이 다 나를 환영하진 않지. 그래서 우리는 길을 찾기 시작해. 무엇을 좋아하고 무엇을 잘하고 누구를 사랑하고 어떤 세상을 꿈꾸는지 하나씩 발견해 가는 거야.

그렇게 걷고 넘어지고 또 일어나면서 어느 날 문득 깨닫게 돼. '아, 내가 여기 있는 이유는 바로 이거였구나.' 그건 아주 작은 순간일 수도 있어. 누군가를 웃게 한 어느 오후, 내가 좋아하는 일을 하며 시간이 흐른 줄도 몰랐던 어느 밤.

그날이 오면 삶이 더는 '살아야 하는 것'이 아니라 '살고 싶은 것'이 돼. 그리고 그때부터 진짜 인생이 시작되는 거야. 너는 네 삶의 '왜'를 찾기 위해 어떤 질문이라도 던질 준비가 되어 있니? 오늘부터 너의 삶에 어떤 의미를 부여하는 행동을 시작해 보는 건 어때?

절망, 마음의 병

절망은 죽음에 이르는 병.

Despair is the sickness unto death.

– 쇠렌 키르케고르

네 마음은 지금 어느 색깔이니?

절망의 순간에도 희망을 찾고 삶의 의미를 붙잡을 거야!

쇠렌 키르케고르

19세기 덴마크의 철학자이자 신학자이다. 실존주의 철학의 선구자로 평가받으며, 인간의 고뇌, 절망, 믿음, 자유와 같은 실존적인 문제들을 깊이 탐구했다. 그의 대표작인 《죽음에 이르는 병》에서 '절망'을 영적인 병으로 정의하며 인간 존재의 근원적인 문제와 연결 지었다.

절망은 마음을 어둠으로 물들이는 거대한 그림자야. 처음엔 괜찮다고 생각해. 그냥 피곤해서, 잠깐 기운이 없어서 그런 거겠지 하고 넘기게 돼. 그런데 그 거대한 그림자는 조용히, 아무도 모르게 마음 깊은 곳까지 내려와. 한 걸음, 또 한 걸음 물러서게 만들고 어느새 그 자리에 고요하고 차가운 침묵만 남겨.

절망은 불이 꺼진 방 안에 홀로 남겨진 느낌이야. 창문은 닫혀 있고 어디에서도 빛은 들어오지 않아. 밖에서 누가 부르더라도 안에서는 아무 대답도 할 수 없어. 목소리가, 숨이, 마음이 모두 얼어붙은 것 같거든.

그렇게 절망은 사람을 서서히 안으로 침전시키고, 결국엔 '살고 싶다'는 감정마저 지우려 해. 하지만 그 어둠에도 틈은 있어. 그 틈으로 실 같은 빛이 들어오고 다시 바람이 들어와. 네 마음을 완전히 닫을 수 없도록 희망은 아주 부단하게 계속 말을 걸어와.

그러니 부디 다시 일어나. 부디 다시 노래해. 부디 다시 크게 소리쳐.

좋아서 하는 일

자신이 좋아하는 일을 하라.

Do what you love.

- 스티브 잡스

너는 정말로 무엇을 좋아하니?

내가 진짜 좋아하는 것을 찾아 그 길을 걸어갈 거야!

스티브 잡스

스티브 잡스는 미국의 기업가로 애플의 공동창립자이다. 아이폰, 아이패드 등 혁신적인 제품들을 만들어 세상을 바꿨다. '다르게 생각하라Think Different'는 그의 철학을 잘 보여 주는 슬로건이다.

"내가 뭘 좋아하는지도 모르겠어. 어떤 걸 해야 할지도 모르겠어." 누군가가 한숨을 내쉬며 이런 말을 내뱉는다면 이 말을 들려주고 싶어. "그럼, 네 마음이 오래 머무는 곳부터 천천히 들여다봐."

좋아하는 일을 찾는 건 어쩌면 숲속에 묻힌 작은 불씨를 찾는 일일지도 몰라. 눈에 잘 띄지도 않고 찾는 동안엔 발이 젖고 손에 흙도 묻지. 그렇지만 그 불씨를 발견하면 그 작은 불은 언젠가 너만의 불꽃이 되어 활화산이 될 거야.

물론 좋아하는 일을 한다는 건 늘 행복하다는 뜻은 아니야. 오히려 쉽게 지치기도 하고 자주 흔들리기도 해. 하지만 그 일은 네 마음이 다시 일어설 수 있게 해 줄 거야. 너를 버티게 할 거야.

네가 뭘 좋아하는지 아직 확실하지 않다고? 괜찮아. 스티븐 잡스도 말했어. "점들을 연결할 수는 없다. 다만 나중에 되돌아보면서 연결할 뿐이다."라고. 지금 당장은 보이지 않아도 네가 관심 있어 하는 것들, 시간 가는 줄 모르고 빠져드는 것들을 소중히 여겨 봐. 그걸 찾는 순간, 너의 인생은 달라질 거야.

땀방울이 엮어 낸 인내의 시간

노력의 결과

천재란 99%의 땀과 1%의 영감으로 만들어진다.

Genius is 1% inspiration and 99% perspiration.

- 토머스 에디슨

네 꿈을 위해 흘린 땀의 가치를 믿니?

영감보다 땀의 가치를 믿고 꾸준히 나아갈 거야!

토머스 에디슨

미국의 발명가이자 사업가이다. 전구를 비롯해 축음기, 활동사진 등 수많은 발명을 통해 인류의 삶에 지대한 영향을 미쳤다. 끊임없는 실험과 노력으로 '발명왕'이라 불리며, 이 명언으로 그의 근면함과 끈기를 보여 주었다.

많은 사람이 천재를 특별한 영감을 타고난 사람이라 여기며, 번뜩이는 아이디어 하나로 세상을 바꾼다고 생각하곤 해. 하지만 발명왕 에디슨은 천재의 비결이 '1% 영감'이 아닌 '99% 땀'에 있다고 말했어. 전구를 만들기 위해 수천 번 실패하며 실험을 반복했던 그의 삶이 바로 그 증거였던 거야.

대단한 아이디어만 기다리거나 타고난 재능에만 의지한다면 아무것도 현실로 만들 수 없어. 중요한 건 머릿속 영감을 붙잡고, 손과 발로 뛰며, 때로는 실패하며 흘리는 그 땀이야. 그 땀이야말로 아이디어를 구체화하고 문제를 해결하며 불가능해 보이던 것을 가능하게 만드는 진짜 힘이 되는 거야.

어쩌면 지금 자신에게 특별한 재능이나 번뜩이는 영감이 없다고 느껴져서 실망하고 있을지도 몰라. 하지만 실망하지 마. 너에게는 노력할 수 있는 힘, 포기하지 않는 끈기, 그리고 땀 흘릴 준비가 되어 있는 두 손과 두 발이 있잖아. 그것이야말로 어떤 영감보다 훨씬 더 강력한 힘으로 네 삶과 꿈을 만들어 갈 진정한 재능이야.

오늘 하루, 너의 땀방울이 만들어 낼 기적을 믿어 봐.

큰 그릇의 과정

대기만성 大器晚成

A good talent matures late

- 노자

지금, 너는 '빨리' 가야 한다는 조바심을 내려놓을 수 있니?

조금 더디더라도, 나만의 속도로 단단하게 성장할 거야!

노자

고대 중국의 사상가로, 도가 道家 사상의 창시자로 알려져 있다. 자연의 순리를 따르고 인위적인 것을 멀리하며 '무위자연'의 삶을 강조했다. 그의 사상은 복잡한 세상을 초월하는 지혜와 여유를 담고 있으며,《도덕경》을 통해 전해지고 있다.

'큰 그릇은 늦게 만들어진다'는 뜻의 대기만성. 세상은 우리에게 빨리, 더 빨리 성공하라고 재촉하는 것 같아. 남들보다 뒤처지는 것 같아 조바심이 나기도 하고, 내 재능은 왜 지금 빛을 발하지 못할까 불안할 때도 있지.

하지만 노자의 지혜는 진정으로 큰 그릇, 즉 위대한 잠재력이나 업적은 단숨에 이루어지는 것이 아니라 오랜 시간과 노력을 통해 비로소 완성된다고 말해. 어린나무가 거목이 되기까지 수십, 수백 년이 걸리듯, 깊은 강물이 유유히 흘러 바다에 이르듯, 어떤 가치 있는 것들은 충분한 시간 속에서만 온전히 그 모습을 드러내.

조바심 내며 남과 비교하기보다, 네 안의 씨앗이 단단한 뿌리를 내리고 줄기를 키우며 스스로의 속도로 성장하도록 기다려 주는 지혜가 필요해. 당장 눈에 보이는 결과가 작더라도 괜찮아. 차곡차곡 쌓이는 경험, 실패를 통해 배우는 단단함, 묵묵히 걸어온 시간이 바로 네 안의 큰 그릇을 빚어 가는 과정이니까.

조급해하지 않고 꾸준히 나아가는 너의 발걸음이야말로 대기만성의 진정한 의미를 실현하는 길일 거야.

처음의 각오

시작이 반이다.

A good beginning is half the battle.

- 아리스토텔레스

네 마음속에서 시작을 망설이게 하는 것은 무엇이니?

완벽하지 않아도 괜찮아, 일단 시작할 거야!

아리스토텔레스

고대 그리스의 위대한 철학자이자 과학자이다. 플라톤의 제자로 서양 철학사에 지대한 영향을 미쳤으며, 그의 사상은 논리학, 윤리학, 정치학 등 다양한 분야에 걸쳐 있다. 시작과 가능성에 대한 그의 탐구는 이 명언과도 연결된다.

 어떤 일을 새롭게 시작하기 전, 우리는 수많은 생각과 걱정에 휩싸이곤 해. '과연 잘할 수 있을까?', '실패하면 어쩌지?', '아직 준비가 안 됐는데…' 같은 망설임이 우리 발목을 잡지. 계획만 세우다가 결국 한 발짝도 떼지 못하는 경우가 얼마나 많은지 몰라.

하지만 아리스토텔레스는 그 모든 고민과 두려움에도 불구하고 '일단 시작하는 것' 자체가 이미 절반의 성공이라고 말해. 왜냐하면 시작은 멈춰 있던 상태를 깨뜨리고 앞으로 나아갈 수 있는 추진력을 만들어 주기 때문이야.

시작을 통해 비로소 문제가 무엇인지 구체적으로 파악하고, 예상치 못한 기회를 발견하며, 해 나가는 과정에서 필요한 것을 배우게 돼. 지금 네가 시작하려 망설이는 일이 있니? 그 시작이 완벽해야 한다거나, 모든 것이 준비되어야 한다고 생각하지 마.

중요한 건 거창한 첫걸음이 아니라, 그저 '시작했다'는 사실 자체야. 용기를 내어 그 첫발을 내딛는 순간, 너는 이미 절반의 싸움에서 이긴 것이나 다름없어. 일단 시작하는 너의 용기가 나머지 절반의 길을 열어 줄 거야.

믿음이라는 에너지

할 수 있다고 믿는 순간, 절반은 이룬 것이다.

Believe you can and you're halfway there.

− 시어도어 루스벨트

지금 너는 어떤 가능성을 믿고 한 걸음 내딛으려 하니?

내 안의 '할 수 있다'는 믿음으로 모든 도전을 시작할 거야!

시어도어 루스벨트

미국의 제26대 대통령이자 군인, 탐험가이다. 역동적인 삶과 강한 리더십으로 '러프 라이더스'라는 별명을 얻었으며, 불굴의 의지와 긍정적인 사고로 많은 이들에게 영감을 준 인물이다.

우리는 어떤 일을 시작하기도 전에 '과연 내가 할 수 있을까?' 하는 의심과 마주하곤 해. 때로는 남들이 불가능하다고 말하는 소리에 주저앉기도 하지. 하지만 그건 나의 의지에 대해 스스로 과소평가하는 거야.

네가 어떤 꿈을 꾸든, 어떤 도전을 하든 넌 분명 엄청난 가능성을 품고 있어. 그러니 흔들리지 말고 스스로에 대한 굳건한 믿음을 가지면 돼. 그 믿음은 두려움이라는 거대한 장막을 걷어 내고 네 안의 깊이 잠든 잠재력을 깨워 행동하게 만드는 강력한 원동력이 될 거야.

믿음이 없다면 아무리 눈부신 기회가 문을 두드려도 그것을 잡을 용기가 생기지 않고 작은 어려움에도 쉽게 포기하는 나약한 모습만 남게 돼. 기억해. 갈피를 잃고 헤맬 때 너의 길을 환히 비춰 줄 거야. 너의 노력이 헛되지 않을 것이라는 확신, 그리고 어떤 역경 속에서도 다시 일어설 수 있다는 굳건한 용기와 연결될 거야.

빛나는 네 안의 별을 믿어 봐.

노력의 정직함

노력은 절대 배신하지 않는다.

Effort will never betray you.

– 일본 만화 《하이큐》

지금 너는 어떤 목표를 위해 땀 흘리고 노력하고 있니?

눈앞의 결과에 흔들리지 않고, 오직 나의 노력을 믿을 거야!

《하이큐》

후루다테 하루이치 작가의 배구 만화로, 고등학교 배구팀의 성장을 다룬다. 치열한 승부와 팀워크, 그리고 개인의 끊임없는 노력과 성장을 강조하며 많은 독자에게 깊은 공감과 용기를 주었다.

우리는 살아가면서 '노력은 배신하지 않는다'는 말을 자주 들어. 하지만 때로는 열심히 노력했음에도 불구하고 원하는 결과를 얻지 못해 좌절하거나 '정말 노력이 통하는 걸까?' 하고 의심할 때도 있지. 하지만 노력은 단순히 눈에 보이는 결과만을 의미하는 것이 아니야.

노력은 네가 흘린 땀방울 하나하나, 밤새 고민했던 시간 그리고 수많은 실패 속에서도 다시 일어서는 용기 그 자체야. 비록 당장 눈앞에 만족스러운 결과가 나타나지 않더라도 그 모든 과정은 결코 헛되지 않아.

노력은 너의 실력을 단단하게 만들고 문제 해결 능력을 키우며 어떤 어려움에도 흔들리지 않는 내면의 힘을 길러 줘. 그리고 무엇보다 노력은 너 자신에 대한 확고한 믿음을 선물해 줄 거야.

오늘 내가 할 수 있는 일, 그 일에 집중해 봐. 자기 스스로 노력을 배신하지 않는 이상, 노력은 절대로 너를 외면하지 않아. 꾸준히 달려가는 거야. 노력하는 너의 모습이 가장 강력한 무기이고 그 노력은 네가 상상하는 것 이상의 큰 보상으로 돌아올 거야.

고통 뒤의 단맛

고진감래 苦盡甘來

No pain, no gain.

-《서경》

지금 너를 가장 고통스럽게 하는 건 뭐니?

나는 언젠가 찾아올 달콤한 미래를 믿을 거야!

●

《서경》

중국의 고대 유교 경전 중 하나로, 상고 시대부터 춘추 시대에 이르는 역사적 기록
과 통치 철학을 담고 있다. '고진감래'는 역경을 이겨 낸 후의 달콤한 보상을 강조
한다.

삶은 때때로 우리를 쓴맛만 가득한 상황으로 내몰 때가 있어. 노력해도 결과가 보이지 않고 힘들어도 끝이 보이지 않아 지쳐 버릴 때가 많지. 하지만 역경이 우리를 한없이 나락으로 떨어치는 것만은 아니야. 좌절시키기도 하지만 동시에 우리가 몰랐던 강인함을 일깨우고 문제를 해결하는 지혜를 배우는 소중한 시간이 되기도 해.

아무리 힘들고 어려운 순간이라도 그 과정을 이겨 내고 나면 이전에 상상하지 못했던 새로운 기회와 성숙한 자신을 발견하게 될 거야. 달콤한 열매는 쓴 뿌리가 있어야만 맺히는 법이니까.

지금 네가 어떤 어려움에 직면해 모든 것을 놓아 버리고 싶은 상황일 수도 있어. 하지만 그 순간에도 반드시 기억해. 이 고통의 시간은 언젠가 반드시 끝이 나고 그 끝에는 네가 간절히 바라던 편안한 일상과 달콤한 열매가 기다리고 있을 것임을.

포기하지 않고 묵묵히 이겨 냈으면 해. 너의 그 의지가 고진감래의 진정한 의미를 완성할 거야.

찬란한 새벽

가장 어두운 밤이 지나야 새벽이 온다.

After the darkest night, comes the brightest day.

- 칼릴 지브란

지금 너의 마음은 어두운 밤이니, 빛이 스미는 새벽이니?

나는 어둠 속에서도 희망을 잃지 않을 거야!

칼릴 지브란

레바논 출신의 시인이자 화가, 철학자이다. 동서양의 지혜를 아우르는 그의 작품들은 인간의 삶과 영혼, 사랑과 고통에 대한 깊은 통찰을 담고 있다. 특히 《예언자》는 전 세계적으로 큰 사랑을 받으며 많은 이들에게 영적인 위안과 영감을 주었다.

냉정하게 말하면 삶은 늘 밝고 따뜻하지만은 않아. 때로는 한 치 앞도 보이지 않는 칠흑 같은 어둠 속을 걷는 듯한 순간이 찾아오기도 하지. 모든 것이 막막하고 절망적이라 느껴지는 가장 어두운 밤 말이야.

하지만 다행인 건 자연의 섭리처럼 아무리 깊은 어둠도 영원히 지속될 수는 없다는 거야. 우리가 겪는 가장 힘든 시련의 끝자락에 바로 새로운 시작과 희망의 빛이 기다리고 있어. 그 고통의 시간은 우리를 무너뜨리기도 하고, 반대로 더 단단하고 강인하게 만들기도 해.

그러니 지금, 만약 가장 어두운 밤을 걷고 있다면 멈추지 말고 한 걸음 더 내디뎌. 무조건 잘하라는 말이 아니야. 그저 포기하지 않았다는 것만으로도 이미 충분히 잘하고 있는 거야.

세상에서 제일 잘한 선택은 그 힘든 날을 그냥 조용히 지나온 거야. 그게 얼마나 용기 있는 일인지 아마 나중에 알게 될 거야.

인생의 목적

목적이 없는 사람은 키 없는 배와 같다.

The man without a purpose is like a ship without a rudder.

– 토머스 칼라일

너의 삶을 움직이는 진정한 목적은 무엇이니?

나는 삶의 목적을 향해 의미 있는 발걸음을 내디딜 거야!

토머스 칼라일

스코틀랜드 출신의 역사가이자 수필가, 사상가이다. 그는 혼란한 산업화 시대 속에서 인간의 내면, 지도자의 역할 그리고 삶의 목적에 대해 깊이 있는 통찰을 남겼다. 저서로 《영웅숭배론》이 있다.

바다는 참 아름답지. 햇살에 반짝이는 물결도 좋고, 저 멀리 보이는 수평선도 설레. 하지만 그 바다에 띄운 배가 만약 '키'를 잃었다면 어떨까?

키는 배의 방향을 조종하는 장치야. 그게 없다면 배는 그저 파도에 떠밀려 다닐 뿐이야. 아무리 튼튼하고 빠른 배라도, 어디로 가야 할지 모른다면 결국은 제자리를 맴돌거나 점점 멀고 위험한 곳으로 떠내려가 버려.

우리가 살아가는 것도 그와 비슷해. 누군가는 공부 때문에 누군가는 미래에 대한 불안 때문에 지쳐 있을지 몰라. '이 길이 맞는 걸까?' '나는 뭘 해야 하지?' 그런 질문들이 마음속에서 파도처럼 밀려오기도 하지. 그럴 땐 아주 조용히 네 마음의 키를 찾아봐. 그건 대단하거나 거창한 게 아닐지도 몰라. '나는 이런 걸 할 때 기뻐', '이런 사람으로 살고 싶어' 같은 작고 소박한 마음 하나면 충분해.

목적은 반드시 도달해야 하는 목표라기보다 우리를 살아가게 하는 힘이야. 지금 답이 아직 없다 해도 괜찮아. 중요한 건 묻고 있다는 사실이니까. 그게 이미 네가 키를 잡기 시작했다는 뜻이야.

장애물의 선물

당신의 진정한 가치는 장애물에 직면했을 때
어떻게 행동하는지에 따라 측정된다.

Your true worth is measured by how you act when you face
obstacles.

- 존 우든

넌 요즘 어떤 어려움에 부딪혔고 그걸 어떻게 헤쳐 나갈 거니?

난 어떤 어려움 앞에서도 포기하지 않고 더 강해질 거야!

존 우든

미국의 전설적인 농구 감독으로, UCLA 브루인스 농구팀을 이끌며 10년 동안 10번
의 전국 챔피언십 우승이라는 전무후무한 기록을 세웠다. '성공 피라미드Pyramid of
Success'라는 철학을 통해 리더십, 팀워크, 끈기의 중요성을 강조했다.

사람의 진짜 가치는 모든 일이 잘 풀릴 때가 아니라 길이 막히고, 마음이 흔들릴 때 드러나. 장애물은 우리를 시험하려고 존재하는 게 아니야. 우리가 누구인지, 어디까지 갈 수 있는지를 깨닫게 해 주는 거울 같은 거야.

아무 일도 일어나지 않는 평탄한 길에선 우리 안의 용기나 인내, 지혜가 모습을 드러낼 기회가 없어. 하지만 예상치 못한 고비, 무너질 것 같은 순간엔 내면 깊은 곳에 숨어 있던 '진짜 나'가 천천히 빛을 내기 시작하지.

장애물은 벽이 아니라 문이야. 두드리고 밀고 때로는 돌아가야 해. 하지만 그 앞에서 멈춰서 '나는 안 돼'라고 말하는 순간, 우린 문을 열 기회를 스스로 닫는 거지. 중요한 건 그 순간, 우리가 어떤 마음을 선택하느냐야. 포기할지, 더 단단해질지를. 주저앉을지, 다시 일어설지를.

그래서 말이야, 네가 어려운 순간에도 조금씩 앞으로 나아가고 있다면 그건 너의 가치가 아주 선명하게 빛나고 있다는 뜻이야.

성취 뒤에서 빛나는 것들

모든 이루어진 업적의 이면에는
용기와 투쟁, 희생의 이야기가 있다.

There is in every true achievement a story of courage, struggle, and sacrifice.

- 존 F. 케네디

네가 이룬 것들 뒤에는 어떤 노력과 희생이 숨어 있었니?

난 목표를 위해 용기를 내고, 투쟁하며 때로는 희생도 감수할 거야!

존 F. 케네디

미국의 제35대 대통령이다. 그는 미국 역사상 가장 젊은 대통령 중 한 명으로, '새로운 프런티어New Frontier' 정신을 주창하며 우주 탐사 프로그램(아폴로 계획), 평화 봉사단 설립 등 진취적인 정책을 추진했다.

누군가의 눈부신 성취 뒤엔 반짝이는 순간만 있는 게 아니야. 그 그림자엔 늘 보이지 않는 용기와 눈물, 조용한 투쟁과 깊은 희생이 숨어 있지.

누군가의 정점은 아무런 대가 없이 도달한 결과가 아니야. 수많은 밤을 지새우며 포기하고 싶은 순간들을 견디고 불가능해 보이는 현실 앞에서 다시 마음을 다잡았던 작은 용기의 모음일 뿐이야.

그들은 때로 비난을 견디고 실패를 안고 일어나며 자기 자신과 싸우는 법을 배웠어. 조금씩, 아주 조금씩 어제의 자신을 넘어섰지. 이루어진 것만 보고 쉽게 말하지 않았으면 해. '저 사람은 특별하니까'라고.

사실 특별한 건 무너질 때마다 다시 일어서는 그 끈기와 마음이야. 그러니 네가 지금 힘든 길을 걷고 있다면 그건 너도 뭔가 이루어 가고 있다는 뜻이야. 빛나는 건 결과가 아니라 그 과정을 견딘 너라는 존재니까.

망상보단 힘찬 걸음

꿈을 이루는 가장 좋은 방법은 잠에서 깨어나는 것이다.

The best way to make your dreams come true is to wake up.

– 무하마드 알리

지금 깨어 있는 너의 마음은 어디를 향하고 있니?

나는 더 이상 망상 속에 머물지 않고 오늘, 한 걸음을 내디딜 거야.

무하마드 알리

그는 미국의 전설적인 복싱 챔피언이자 인권 운동가로, 단순한 승부를 넘어 자신만의 신념과 꿈을 실현해 낸 인물이다. '나는 위대하다'고 선언했던 그는 진정한 위대함이란 말이 아니라 '실천'에서 비롯된다는 것을 삶으로 보여 주었다.

우리는 종종 '언젠가'라는 말에 기대어 꿈을 그려. 언젠가 하고 싶은 일, 언젠가 만나고 싶은 사람, 언젠가 되고 싶은 나. 그 언젠가를 머릿속으로만 반복하다 보면, 어느 순간 꿈은 잠 속의 풍경처럼 흐릿해져 버리지.

무하마드 알리는 말했어. 꿈을 이루고 싶다면, 잠에서 먼저 깨어나야 한다고. 꿈이란 머릿속에서 피어나는 상상이 아니라, 지금 눈을 뜨고 몸을 움직이는 '행동' 속에서 자라는 거야. 망상은 때로 위로가 되지만, 실천만이 삶을 바꿔.

아직 부족해도 괜찮아. 더디더라도 좋아. 중요한 건 네가 깨어 있다는 사실, 그리고 깨어 있는 너의 마음이 움직이고 있다는 거야. 꿈은 완벽한 순간에 이뤄지는 게 아니라, 불완전한 오늘을 살아 내는 작은 선택들 속에서 조금씩 다가오는 거니까.

그러니 오늘, 하나만 해 봐. 네가 망설였던 그 일, 작지만 진짜로 바라는 그것. 내일이 아닌 지금의 네가 깨어나길. 실천이란 건 어쩌면, 스스로를 향해 조용히 다짐하는 첫 한마디에서 시작되는 걸지도 몰라.

오늘도, 너의 꿈을 향한 눈을 뜨길. 깨어 있는 너는 이미, 꿈을 이루는 길 위에 서 있으니까.

마지막 땀 한 방울

끝날 때까지는 끝난 게 아니다.

It ain't over till it's over.

- 요기 베라

지금 멈추고 싶은 순간, 너는 무엇을 믿고 있니?

나는 끝이라고 느껴지는 순간에도, 다시 한번 더 해 볼 거야.

요기 베라

미국의 전설적인 야구 선수이자 감독이다. 그는 뛰어난 실력뿐 아니라 재치 있는 말로도 유명하다. 그의 말은 단순한 유머를 넘어, 삶의 진리를 꿰뚫는 힘이 있다. '끝날 때까지는 끝난 게 아니다'라는 말처럼, 그는 수많은 경기에서 포기하지 않는 정신을 보여 주었다.

어떤 날은 정말 다 끝난 것처럼 느껴져. 더는 할 수 없을 것 같고, 다 쏟아부었는데도 아무것도 바뀌지 않는 기분. 그런 날엔 마음 한구석이 스스로에게 말하지. '여기까지가 한계야.'

하지만 요기 베라는 우리에게 이렇게 속삭여. '끝날 때까지는 끝난 게 아니야.' 이 단순한 말 안엔 놀라운 진실이 있어. 포기한 순간이 끝이 아니라, 포기하지 않은 순간이 아직 '가능성'이라는 거야.

지금 멈추고 싶다면, 그 마음조차 괜찮아. 하지만 네가 아직 '조금만 더' 해 볼 수 있다면, 그것만으로도 이 싸움은 끝난 게 아니야. 누군가는 마지막 한 걸음에서 기적을 만났고, 또 누군가는 마지막 장면에서 새로운 이야기를 시작했어.

그러니 끝처럼 느껴질수록, 스스로에게 조용히 말해 줘.

'아니, 아직이야. 내 이야기는 아직 끝나지 않았어.'

너는 계속하고 있으니까, 아직 끝이 아니야. 그리고 그건 분명, 아주 중요한 시작이 될 거야.

멈추지 않는 연습 벌레

나는 매일 연습한다. 왜냐하면 내가 연습을 멈추는 순간,
다른 선수들이 나를 따라잡기 시작할 것이기 때문이다.

*I practice every day. Because the moment I stop, someone else
is getting better and catching up.*

- 타이거 우즈

너는 오늘, 어떤 이유로 다시 연습을 시작할 수 있을까?

나는 비교보다 성장에 집중할 거야. 어제의 나를 이기는 연습을
멈추지 않을 거야.

타이거 우즈

골프 역사상 가장 위대한 선수 중 한 사람이다. 천재라는 찬사를 받았지만, 그 뒤엔
하루하루 견디며 쌓아 올린 훈련과 노력의 시간이 있었다. 타이거 우즈는 단지 재
능이 아니라, 멈추지 않는 '연습'으로 전설이 되었다.

가끔은 이런 생각이 들어. '이만큼이면 충분한 거 아닐까? 조금 쉬어도 괜찮지 않을까?' 하지만 마음 한편에서는 알지. 지금 멈춘다면, 어제의 내가 오늘의 나를 따라잡을지도 모른다는 걸. 그리고 언젠가 간절히 원했던 바로 그 자리에 다가가지 못할 수도 있다는 걸.

타이거 우즈는 말했어. 연습을 멈추는 순간, 다른 누군가는 계속 나아가고 있다고. 이 말은 경쟁을 부추기기 위한 게 아니야. '계속한다는 것'이 얼마나 중요한지를, 우리가 잊지 않게 하려는 거야.

연습은 완벽을 위한 게 아니야. 오늘도 어제보다 조금 더 나아지고 싶다는, 스스로에 대한 다짐이야. 작은 반복 속에서 쌓이는 실력, 그 안에서 자라나는 믿음, 그리고 멈추지 않는 걸음이 결국 너를 너답게 만들어 줄 거야. 비교는 때로 지치게 하지만, '어제보다 나은 나'를 향한 연습은 너를 조금 더 단단하게, 조금 더 자신 있게 만들어 줄 거야.

오늘도 한 번 더, 해 보자. 멈추지 않는 연습이 언젠가 너를 빛나는 무대 위로 이끌 테니까.

3장

미지의 문을 여는 용기

용기의 걸음

진짜 용기는 두려움을 느끼고도 앞으로 나아가는 것이다.

Courage is not the absence of fear, but the triumph over it.

- 넬슨 만델라

지금, 네가 두려워 망설이는 그 한 걸음은 무엇이니?

두렵더라도, 용기를 내어 한 걸음 내디딜 거야!

넬슨 만델라

남아프리카 공화국의 인권 운동가이자 정치인이다. 오랜 수감 생활에도 굴하지 않고 인종 차별 정책에 맞서 싸웠으며, 남아공 최초의 흑인 대통령이 되어 화합과 용서의 리더십을 보여 주었다. 용기와 불굴의 의지를 상징하는 인물이다.

우리는 흔히 용감한 사람이란 두려움을 전혀 느끼지 않는 사람이라고 생각하곤 해. 하지만 넬슨 만델라는 진짜 용기는 두려움을 느끼지 않는 것이 아니라, 두려움을 느낌에도 불구하고 앞으로 나아가는 것이라고 말했지.

누구나 새로운 도전을 하거나 익숙하지 않은 상황에 놓이면 두려움을 느껴. 실패할까 봐, 상처받을까 봐, 혹은 그저 불편할까 봐 망설이지. 하지만 그 두려움 때문에 아무것도 하지 않는다면, 우리는 결코 성장하거나 변화할 수 없어.

진짜 용기는 두려움이라는 감정을 부정하거나 무시하는 것이 아니라, '아, 나 지금 두렵구나' 하고 인정하면서도 '그럼에도 불구하고' 한 발짝 내딛기로 선택하는 거야. 그 한 걸음이 비록 작고 보잘것없어 보일지라도, 두려움에 맞선 너의 의지이자 용기 있는 행동이지.

지금 네 앞에 놓인 두려움은 무엇이니? 완벽하게 준비되지 않았어도 괜찮아. 마음속 깊은 곳에서 용기를 끌어내, 두려움과 함께 나아가 봐. 그 용기 있는 한 걸음이 네가 상상조차 하지 못한 새로운 길을 열어 줄 거야.

실패 뛰어넘기

실패는 성공의 어머니이다.

Failure is the mother of success.

– 토머스 에디슨

너는 실패를 통해 무엇을 배우고 있니?

실패를 두려워하지 않고, 성장의 밑거름으로 삼을 거야!

토머슨 에디슨

미국의 발명가이자 사업가이다. 전구, 축음기 등 수많은 혁신적인 발명품을 남겨 '발명왕'으로 불렸다. 특히 그는 성공에 이르기까지 셀 수 없이 많은 실패와 도전을 반복한 인물로 알려져 있으며, 그의 경험을 통해 이 명언의 가치를 보여 준다.

 우리는 실패하면 좌절하고 주저앉기 쉬워. 실패를 낙인처럼 여기거나, 성공과는 정반대에 있는 것이라고 생각하지. 하지만 발명왕 에디슨은 실패를 '성공의 어머니'라고 불렀어. 그의 말처럼, 실패는 성공으로 가는 길목에 반드시 거쳐야 할 필수 과정이야.

전구를 만들기 위해 수천 번의 실패를 경험하고도 "나는 실패한 것이 아니다. 그저 작동하지 않는 1만 가지 방법을 발견했을 뿐이다."라고 말했던 그의 태도가 바로 이 명언의 정신을 보여 주지.

실패는 우리에게 무엇이 잘못되었는지, 어떻게 개선해야 하는지 가장 확실하게 가르쳐 주는 스승이야. 넘어지는 과정을 통해 다시 일어나는 법을 배우고, 예상치 못한 문제를 만나며 해결 능력을 키우게 돼. 실패할까 봐 아무것도 시도하지 않는 것보다, 실패하더라도 그 경험에서 배우고 다시 도전하는 용기가 중요해.

지금 혹시 어떤 실패 때문에 힘들어하고 있다면, 너무 좌절하지 마. 그 실패는 너의 부족함을 드러낸 것이 아니라, 성공으로 가기 위한 귀한 배움이자 단단한 밑거름이 되어 줄 거야. 실패를 두려워하지 않는 너의 용기가 결국 성공이라는 열매를 맺게 할 테니까.

결연한 의지

죽기로 마음먹으면 반드시 살고,

살기로 마음먹으면 반드시 죽는다.

He who is ready to die will live, and he who hopes to live will die.

– 이순신

어떤 일을 행함에 있어 결연한 각오로 임한 적 있니?

어떤 어려움 속에서도 끝까지 맞서 싸울 거야!

이순신

조선 중기의 무신이다. 임진왜란 때 수적 열세에도 불구하고 뛰어난 전략과 불굴의 리더십으로 왜군을 격파하며 조선을 구해 낸 영웅이다. 그는 '죽음으로써 삶을 얻는다'는 역설적인 철학을 온몸으로 증명했다.

 죽기로 마음먹으면 살고, 살겠다고 하면 죽는다. 이 말을 처음 들으면 좀 섬뜩하게 느껴질 수도 있어. 하지만 그 안에는 생각보다 꽤 멋진 진심이 숨어 있어. 이 말은 진짜 간절할 때 사람은 살아난다는 뜻이야.

벼랑 끝까지 몰린 순간, 이제는 물러날 곳이 없다고 느껴질 때 사람은 자기 안에 숨어 있던 힘을 꺼내게 되거든. 평소엔 몰랐던 용기, 생각보다 단단했던 마음, 조용히 견디던 끈기 같은 것들이 그제야 자기 모습을 드러내.

'어떻게든 해 보자' 하고 결심하는 순간, 그 마음이 너를 끌고 가. 결과가 어떻든 간에 그 간절함이 널 움직이고 그 걸음이 결국 너를 다른 곳으로 데려가. 반대로 '대충 해 보자, 안 되면 말지 뭐' 그런 마음으로 시작하면 일을 망치게 돼.

그러니 무슨 일이든 마음을 다해서 해 보자는 거야. 그래야 후회도 덜 하고 생각보다 멋진 결과도 따라올 수 있으니까. 끝까지 해 보겠다는 강렬한 의지가 너를 진정으로 살게 하고 상상 이상의 결과를 가져다줄 거야.

가능성의 믿음

내 사전에 불가능이란 말은 없다.

The word 'impossible' is not in my dictionary.

- 나폴레옹 보나파르트

불가능하다고 생각되는 것들은 무엇이니?

불가능하다고 생각되는 것들을 나만의 가능성으로 증명할 거야!

나폴레옹 보나파르트

프랑스의 군인이자 정치인이다. 역사상 가장 위대한 전략가 중 한 녕으로 평가받으며, 유럽 전역을 호령했던 그의 삶은 불가능해 보이는 도전을 현실로 만든 불굴의 의지와 강력한 신념을 보여 준다.

 우리는 살아가면서 수많은 '불가능'이라는 벽에 부딪히 곤 해. '나는 할 수 없어', '그건 원래 안 되는 일이야', '아무리 해도 성공하지 못할 거야' 같은 말들이 우리를 지배하기도 하지.

하지만 나폴레옹의 이 명언은 불가능이 외부의 절대적인 장벽이 아니라 대개 우리 마음속에 존재하는 한계라는 것을 일깨워 줘. 대부분의 불가능은 우리가 시도하기도 전에 포기하게 만드는 두려움, 경험 부족, 혹은 타인의 부정적인 시선이 만들어 낸 환상일 뿐이야.

불가능이라는 단어를 네 사전에서 지워 버릴 때, 비로소 상상조차 할 수 없었던 새로운 길이 열리고 네 안의 무한한 잠재력이 깨어나게 돼. 물론 도전하는 과정에서 어려움이나 실패를 겪을 수도 있어. 하지만 중요한 건 그때마다 '어떻게 하면 가능하게 할 수 있을까?' 하고 끊임없이 질문하고 방법을 찾아 나가는 거야.

지금 네 앞에 놓인 불가능의 벽을 자세히 들여다봐. 어쩌면 그 벽은 네가 생각하는 것보다 훨씬 낮거나 아니면 돌아갈 길이나 부술 방법이 이미 존재할지도 몰라.

하찮은 것의 반란

하찮게 보이는 나비의 날갯짓이 태풍을 만든다.

The seemingly trivial flutter of a butterfly's wings can cause a typhoon.

– 에드워드 로렌즈

너는 지금 작은 물방울을 꾸준히 떨어뜨리고 있니?

난 언젠가는 단단한 바위도 뚫어 낼 거야!

에드워드 로렌즈

카오스 이론의 아버지로 불리는 미국의 수학자이자 기상학자이다. 그는 기상 예측 연구 중 나비 효과라는 개념을 발견했는데, 이는 브라질 나비의 날갯짓처럼 아주 작은 변화가 텍사스의 토네이도 같은 거대한 결과로 이어질 수 있음을 의미한다.

우리는 흔히 큰 성공이나 눈에 띄는 변화를 위해서는 타고난 재능이나 엄청난 힘이 필요하다고 믿곤 해. 그래서 내게 그런 특별함이 없다고 느껴지면 시작조차 망설이게 되지.

하지만 진정으로 위대한 일들은 대부분 아주 작은 노력에서 시작돼. 하루 10분의 공부가 전문가를 만들고, 매일 쓰는 짧은 일기가 한 권의 책이 되는 것처럼 말이야.

지금 네가 마주한 도전이 너무 커 보이거나 아무리 애써도 눈에 띄는 변화가 없어 답답할 수도 있어. 어쩌면 '이게 과연 될까?' 하는 의심이 마음을 흔들지도 모르지. 하지만 그럴수록 생각해 봐. 미미해 보이는 물방울도 시간이 쌓이면 바위를 뚫는다고 말이야.

그러니 포기하지 말고 네 안에 있는 끈기의 힘을 믿고, 묵묵히 나아가는 거야. 처음부터 거창하게 시작하려 하지 마. 작고 조용한 한 걸음이 결국은 가장 멀리 가는 길이 될 거야.

지금 이 순간에도 묵묵히 걸어가고 있는 너야말로 가장 위대한 도전자야.

한 걸음씩 꾸준히

매일 조금씩, 그것이 진짜 힘이다.

Day by day, and in all ways, I am getting better and better.

– 로버트 콜리어

오늘 너는 어떤 '작은 노력'을 꾸준히 이어 가고 있니?

매일의 작은 성장을 믿으며, 꾸준함의 힘을 증명할 거야!

로버트 콜리어

미국의 자기 계발 작가이자 성공학 강사이다. 긍정적인 사고와 꾸준함의 중요성을 강조하며 많은 이들에게 영감을 주었다. 그의 저서 《시대의 비밀》 등은 잠재력 개발과 목표 달성에 대한 메시지를 담고 있다.

옛날 한 마을에, 아주 느리지만 매일같이 산을 오르는 할머니가 있었어. 사람들은 왜 그렇게 천천히 움직이느냐고 물었지. 할머니는 웃으며 말했어.

"난 내 걸음으로 걸어요. 급하게 서두르지 않고, 그러나 꾸준하게."

그 할머니는 한참 걸려서야 정상에 도달했어. 그녀의 느린 걸음은 결국 정상까지 이르는 가장 확실한 길이었던 거야.

그 한 걸음 한 걸음은 바람에 흩날리는 작은 씨앗이야. 보이지 않는 곳에서 뿌리를 내리고 자라나 결국엔 깊고 튼튼한 나무가 되어 세상을 품어 내지. 때론 길이 멀고 험해 지쳐도 그 꾸준함은 강물처럼 조용히 흘러 결국 바위를 깎고 땅을 적셔 새로운 생명을 피워 내.

그러니 오늘도 흔들리지 말고 조용히 걸어가자. 네 마음 한편에서 자라나는 그 작은 씨앗을 믿고 한 걸음씩. 계속 걷다 보면 너의 다리도 튼튼해지고 결국 너 자신은 어떤 바람에도 쓰러지지 않을 단단한 나무가 되어 있을 거야. 오늘도 한 걸음씩 걸어가자.

승리의 선언

왔노라, 보았노라, 이겼노라.

I came, I saw, I conquered.

- 줄리어스 시저

너는 목표 앞에 다가가 자신 있게 외친 적이 있니?

어떤 도전이든 용기 있게 마주하고 나만의 승리를 만들어 낼 거야!

줄리어스 시저

고대 로마의 위대한 정치가이자 군인이다. 로마 공화정을 제정으로 이끈 핵심 인물로 뛰어난 전략과 용기로 수많은 전투에서 승리했다. 그는 권력, 야망, 리더십 그리고 운명의 상징으로서 오늘날까지도 끊임없이 회자되고 연구되는 대상이다.

우리는 살면서 많은 계획을 세우고 미래를 상상하지만 막상 현실에서는 주저하거나 중도에 포기하는 경우가 많아. 하지만 시저는 직접 전장에 '왔고' 상황을 '보았으며' 결국 승리해 '이겼다'고 말하며 직접 부딪히고 행동하는 것의 중요성을 강조했어.

그는 행동을 통해 우리에게 삶의 주도권을 쥐는 방법을 가르쳐 줘. 다시 말해서 어떤 목표를 향해 나아가기 위해선 먼저 그 목표를 명확히 하고 직접 그 현장에 뛰어들어 상황을 파악하며 그리고 최종적으로 승리하기 위한 모든 노력을 기울여야 한다는 거야. 때로는 두렵고 막막하게 느껴질지라도 일단 첫발을 내딛는 용기가 중요해.

지금 네가 이뤄 내고 싶은 목표는 무엇이니? 시험에서의 고득점, 새로운 기술 습득 혹은 나 자신과의 싸움에서 이겨 내는 것일 수도 있어. 그 목표가 무엇이든 머릿속으로만 꿈꾸지 말고 오늘부터 직접 상황 앞에 당당하게 서는 거야. 그 용기 있는 행동들이 모여 너를 가장 빛나는 승리로 이끌어 줄 거야.

이겨 내는 자세

두려움의 홍수에 버티기 위해
끊임없이 용기의 둑을 쌓자.
We must build dikes of courage to hold back the flood of fear.

- 마틴 루서 킹 주니어

너의 용기는 어디서부터 나오는 거니?

나는 두려움이 밀려올 때마다 용기의 방패를 올릴 거야!

마틴 루서 킹 주니어

미국의 침례교 목사이자 인권 운동가이다. 비폭력 시민 불복종 운동을 이끌며 인종 차별에 맞서 싸웠고 '나에게는 꿈이 있습니다 I Have a Dream'라는 연설로 전 세계에 평등과 정의의 메시지를 전했다.

두려움은 자연스러운 감정이야. 용기 없는 사람만 느끼는 것도 아니고 마음이 약해서 생기는 것도 아니야. 사실은 누구나 느껴. 어른도, 친구도, 평소에 강해 보이는 그 사람도. 단지 말을 안 할 뿐이지.

처음 해 보는 일 앞에서, 중요한 선택을 해야 할 때, 사람들 앞에 서야 할 때 그 떨림은 아주 자연스러운 거야. 그러니까 괜히 숨기려 하지 마. 두려움을 느낀다는 건 그만큼 네가 진심이라는 뜻이야.

그렇다고 늘 두려움에 무릎을 꿇어선 곤란해. 한번 지기 시작하면 매번 또 지게 되어 있으니까. 아주 작은 것부터라도 좋으니 두려움에 맞서 네 용기의 둑을 쌓는 연습을 해 봐. 그것이 작은 결심이든 불편한 대화든 혹은 익숙하지 않은 길을 걷는 것이든 말이야.

그 작은 행동들이 모여 네 내면의 용기를 단단하게 만들 거야. 두려움도 알고 보면 너의 용기를 두려워하고 있을지도 몰라.

내일의 희망

오늘 힘들고 내일은 더 힘들겠지만
모레는 아름다울 것이다.

Today is hard, and tomorrow will be even harder but the day
after tomorrow will be beautiful.

- 마윈

지금의 어려움 너머에 어떤 희망을 그리고 있니?

나는 힘든 오늘을 건너 밝은 날을 기약할 거야!

마윈

중국의 기업가로 알리바바 그룹의 창립자이다. 가난한 영어 교사로 시작해 세계
최대 전자상거래 기업을 만들어 낸 인물이다. 수많은 실패와 거절을 경험했지만
포기하지 않고 끝내 성공을 이뤄 낸 대표적 인물로 꼽힌다.

오늘의 걸음이 자꾸 멈추고 어디로 가는지도 모른 채 그냥 버티는 기분, 그렇게 뭔지 모르게 마음이 무겁고 버거울 때가 있어. 내일은 더 지칠 것 같고 모레는 아예 올까 싶을 만큼 멀게만 보이는 날 말이야.

하지만 있잖아. 모레는 어쩌면 너만의 바다가 될지 몰라. 지금은 안개가 자욱하고 앞이 보이지 않아서 그 바다가 있는지도 의심스러울 수 있어. 그러나 파도는 늘 그 자리에 있고 물결은 멀리서 천천히 다가오거든.

오늘은 네 안의 나침반을 조용히 읽어야 하는 날이야. 내가 어디쯤 서 있는지, 어디로 가고 싶은지를. 내일은 지도 없이 걷는 밤처럼 느껴지겠지. 불안하고, 길을 잃은 것처럼.

그렇지만 모레는 네 앞에 끝없이 펼쳐진 수평선이 서서히 드러날 거야. 그건 오직 너만 도착할 수 있는 바다야. 아무도 대신할 수 없는 너의 시간 속에서 자라난 풍경이니까.

주저앉지 마. 언젠가 다가올 아름다운 풍경을 보기 위해서 오늘과 내일의 힘든 길을 함께 걸어가자.

경험이라는 나침반

모든 사람은 자기의 경험밖에 믿지 않는다.

All people believe only in their own experience.

- 존 로크

너에게 잊지 못할 색다른 경험이 있니?

나는 오늘의 경험을 자양분 삼아 더 지혜로운 삶을 살 거야!

존 로크

영국의 철학자로, 경험론의 아버지로 불린다. 그는 인간의 마음이 태어닐 때 백지와 같으며, 모든 지식은 감각 경험을 통해 형성된다고 주장했다. 그의 사상은 계몽주의와 미국 독립선언, 그리고 현대 민주주의 발전에 지대한 영향을 미쳤다.

 우리가 세상을 이해하는 방식은 대부분 개인의 경험을 통해 형성돼. 예를 들어, 아무리 친구가 '그 음식 진짜 맛없어!'라고 말해도, 내가 직접 먹어 보기 전까지는 그 맛없음을 완전히 믿기 어려울 수 있어.

혹은 누군가가 '이렇게 하면 성공할 수 있어!'라고 조언해도 내가 그 과정을 직접 겪어 보지 않으면 그 조언이 과연 나에게도 통할지 의심하게 되지.

우리의 뇌는 직접 체험한 것을 가장 강력한 증거로 받아들이고 이를 바탕으로 세상을 해석하고 다음 행동을 결정하거든. 경험은 우리 내면의 가장 강력한 나침반이자 세상을 살아가는 개인적인 교과서라고 할 수 있어.

그러니 세상을 배우고 성장하고 싶다면 직접 경험하는 것을 두려워하지 말아야 해. 실패든 성공이든, 모든 경험은 너의 가장 강력한 지식이 될 테니까. 또한 다른 사람을 이해하려 할 때 그들의 경험을 존중하고 나의 경험만으로 판단하려 하지 않는 태도가 필요하다는 것도 알아야 해.

일상 속의 작은 햄릿

사느냐, 죽느냐, 이것이 문제로다.

To be, or not to be, that is the question.

– 윌리엄 셰익스피어

지금까지 살면서 최고의 선택은 무엇이니?

나는 선택의 갈림길 앞에서 나만의 답을 찾기 위해 노력할 거야!

윌리엄 셰익스피어

영국의 대문호이자 세계 문학사상 가장 위대한 극작가로 평가받는다. 그는 《햄릿》, 《리어왕》, 《로미오와 줄리엣》 등 수많은 비극과 희극, 역사극을 통해 인간 본연의 심리, 삶의 비극성, 사랑과 복수, 권력과 정의 등의 주제를 심도 있게 다루었다.

　　우리는 매일 아침 '5분 더 잘까, 아니면 일찍 일어나 준비할까?' 하는 작은 선택으로 하루를 시작해. 메뉴를 고를 때도 '김치찌개냐, 아니면 돈가스냐' 하는 즐거운 고민을 하지.

　　이런 사소한 선택들은 마치 작은 물방울 같아. 별것 아닌 것 같지만 이 물방울들이 모여 하루라는 강을 이루고 그 강이 흘러 인생이라는 큰 바다를 만들지.

　　중요한 건 선택의 고민 속에 항상 명확한 정답이 있는 건 아니라는 거야. 때로는 두 선택 모두 장단점이 명확해서 어떤 것을 택하든 다른 것을 포기해야 할 때도 있지. 삶은 끊임없는 선택의 연속이야. 때로는 그 선택이 너무나 버겁고 두렵게 느껴질 때도 있을 거야.

　　하지만 네가 어떤 선택을 하든, 그것은 온전히 너의 삶을 만들어 가는 과정임을 기억해야 해. 두려움과 고통 속에서도 너만의 답을 찾아 나가는 용기가 필요해.

불안과 마주하는 법

삶의 질은 당신이 불편함을
얼마나 잘 관리하느냐에 달려 있다.

Your quality of life depends on how well you manage
discomfort.

- 토니 로빈스

너는 기꺼이 불편함을 기꺼이 감수할 수 있겠니?

나는 불안과 불편을 정면으로 마주할 거야!

토니 로빈스

미국의 동기 부여 연설가, 작가, 사업 전략가이다. 그는 세계적으로 유명한 라이프 코치이자 비즈니스 전략가로, 수많은 사람의 삶과 비즈니스를 변화시키는 데 기여 했다. 대표 저서로 《네 안에 잠든 거인을 깨워라》가 있다.

　　살다 보면 마치 작고 단단한 자갈들이 신발 속에 들어 온 것처럼 불편함이 발끝을 찌르곤 해. 그 자갈은 시험공부처럼 지루한 일일 수도 있고 낯선 친구에게 먼저 말을 걸어야 하는 용기일 수도 있어. 혹은 마음과 다른 말을 해야 하는 어색함일 수도 있지.

　　우리는 그럴 때 불편함을 피해 가려 해. 신발을 벗어 버리거나 아예 길을 돌아가기도 하지. 그런데 가만 보면 인생은 결국 그 자갈을 꺼내고 다시 신발을 신는 법을 배우는 여정이야. 조금 불편해도 걸음을 멈추지 않는 사람, 아예 그 불편함을 껴안고 새로운 길을 만들어 가는 사람의 삶이 더 단단하고 자유롭더라고.

　　불편함은 나쁜 게 아니야. 그건 네가 성장하고 있다는 증거야. 근육이 자랄 때도 통증이 따르듯 마음도 자라기 위해선 조금의 낯섦과 어긋남을 겪어야 해. 그러니까 불편하다고 해서 스스로를 미워하지 말고 그 불편을 무릎에 올려놓고 조용히 이야기해 보자. '넌 지금 나에게 무엇을 알려 주려는 거니?'라고.

내일이라는 새로움

내일은 내일의 태양이 뜬다.

Tomorrow is another day.

– 마거릿 미첼

오늘 너를 힘들게 한 그림자들은 어떤 것들이 있니?

나는 오늘의 어려움에 갇히지 않고 새로운 희망을 맞이할 거야!

마거릿 미첼

미국의 소설가로 전 세계적으로 큰 사랑을 받은 불멸의 고전 《바람과 함께 사라지다》를 썼다. 이 소설은 남북 전쟁이라는 격동의 시기를 배경으로 주인공 스칼렛 오하라의 역경 극복과 강인한 삶의 의지를 그려 냈다.

어느 날은 마음 전체가 짙은 구름으로 가득 찰 때가 있어. 예상치 못한 문제, 실망스러운 결과 혹은 어찌할 수 없는 좌절감에 사로잡혀 모든 것이 끝난 것처럼 느껴지는 날.

하지만 마거릿 미첼은 소설의 마지막처럼 우리에게 강력한 진실을 일깨워 줘. 고통스러운 하루는 언젠가 끝나고 새로운 희망을 품은 내일이 반드시 찾아온다는 거야.

생각해 봐. 이 세상에 저절로 이루어지는 게 뭐가 있을까? 꽃이 피기까지는 긴 겨울을 견뎌야 하고 햇살도 깊은 어둠을 지나야 비로소 떠오르잖아.

우리의 마음도 그래. 고통의 시간 속에서 우리는 조금씩 성숙해지고 보이지 않는 힘을 키우고 있어. 누군가는 그걸 모르고 그냥 지나치지만 너는 반드시 알게 될 거야. 아, 그때의 아픔이 나를 더 깊은 사람으로 만들었구나.

너무 초조해하지 마. 조금 어렵고, 조금 느려도 그래도 괜찮아. 깊은 밤이 길수록 그다음 아침은 더 따뜻하니까. 지금의 너는 잘 가고 있는 중이야.

지혜를 밝히는 배움의 길

알고 싶은 욕망

아는 것이 힘이다.

Knowledge is power.

- 프랜시스 베이컨

오늘 너는 무엇을 새롭게 '알아 가는' 기쁨을 누렸니?

세상을 더 깊이 알기 위해 끊임없이 배우고 탐구할 거야!

프랜시스 베이컨

영국의 철학자, 정치인, 수필가이다. 경험과 관찰을 중시하는 과학적 방법론의 선구자로 여겨지며, 지식과 학문의 중요성을 강조했다. 그의 사상은 근대 과학 발전과 계몽주의에 큰 영향을 미쳤다.

지식은 세상을 이해하는 눈을 열어 주고, 옳은 판단을 내릴 수 있는 지혜를 주며, 우리가 가진 잠재력을 현실로 만들 수 있는 도구이자 에너지야. 무지함은 우리를 두려움에 떨게 하거나 잘못된 길로 이끌기 쉽지만, 앎은 어둠을 밝히는 빛처럼 길을 비춰 주고 앞으로 나아갈 힘을 줘.

세상이 복잡하고 빠르게 변할수록, 무엇을 제대로 '아는가'가 점점 더 중요해지고 있어. 학교에서 배우는 지식뿐만 아니라, 다양한 경험을 통해 얻는 깨달음, 사람들과의 관계 속에서 배우는 이해심, 스스로에게 질문하고 답을 찾아가는 과정 모두 '앎'에 해당하지.

지금 네가 마주한 어려움 앞에서 막막함을 느낀다면, 혹시 그 어려움을 해결하기 위해 필요한 '앎'이 부족한 건 아닐까? 호기심을 가지고 질문하고, 배우고, 탐구하는 과정을 통해 너는 자신을 성장시키고 네 삶을 주체적으로 이끌어 갈 진짜 '힘'을 얻게 될 거야.

아는 것을 두려워하지 않고 계속 배우는 너의 오늘이 바로 더 큰 힘을 만드는 과정이야.

세상에 대한 관심

호기심은 모든 위대한 발견의 시작이다.

Curiosity is the beginning of all great discoveries.

– 알베르트 아인슈타인

Today's question

오늘 너의 마음을 움직인 '왜?'라는 질문은 무엇이었니?

Today's promise

세상을 향한 호기심의 끈을 놓지 않을 거야!

알베르트 아인슈타인

독일 태생의 이론 물리학자로, 20세기 가장 영향력 있는 과학자 중 한 명이다. 상대성 이론으로 과학계에 혁명을 일으켰으며, 그의 깊은 호기심과 끊임없는 질문은 우주와 자연에 대한 우리의 이해를 확장하는 데 결정적인 역할을 했다.

모두가 인정하는 위대한 과학자, 아인슈타인은 '호기심이야말로 모든 위대한 발견의 시작'이라고 말했어. 복잡한 공식이나 뛰어난 계산 능력 이전에, 세상을 향해 '왜?'라고 묻는 순수한 호기심이 먼저였다는 거지.

우리는 살아가면서 너무나 많은 것을 당연하게 여기거나, 이미 정해진 답에 안주하곤 해. 하지만 평범함 속에서 '왜 그럴까?'라는 질문을 던질 때, 비로소 새로운 가능성의 문이 열려. 하늘은 왜 파란지, 사과는 왜 아래로 떨어지는지 같은 작은 호기심이 과학의 위대한 발견으로 이어졌듯, 네 일상 속 작은 '왜?'들도 네 삶을 변화시키는 발견의 씨앗이 될 수 있어.

새로운 것을 배우고 싶을 때, 익숙한 방식에 의문이 들 때, 혹은 그저 신기한 것을 보았을 때 느끼는 그 마음, 바로 호기심이야. 그 호기심을 외면하지 않고 따라갈 때, 너는 몰랐던 새로운 세상을 만나고 네 안의 잠재력을 발견하게 될 거야. 앎을 향한 너의 호기심은 결코 낭비되지 않아.

오늘 하루, 네 마음속에서 일어나는 작은 호기심의 목소리에 귀 기울여 봐. 그것이 너의 다음 위대한 발견으로 이끌어 줄 테니까.

마음에 스미는 지혜

지식은 머리에 들어오지만 지혜는 마음에 스며든다.

Knowledge comes into the head but wisdom seeps into the heart.

– 존 스튜어트 밀

너는 새로운 지식을 배울 때, 지혜로 변환시킬 준비가 되어 있니?

배운 것들을 마음에 새기고 실제 삶에서 써 먹는 연습을 할 거야!

존 스튜어트 밀

19세기 영국의 철학자이자 경제학자로, 자유와 개인의 권리를 강조한 사상가이다.
그는 《자유론》과 《공리주의》 같은 저서를 통해서 현대 민주주의와 윤리 사상의
기틀을 다졌다.

 우리는 매일 새로운 정보를 쏟아 내는 세상에 살고 있어. 책도 읽고, 인터넷도 보고, 학교에서 배우고, 친구들과 이야기하다 보면 머리가 꽉 찬 느낌이 들지? 그런데 그 많은 지식 중에서 실제로 내 삶에 도움이 되는 게 얼마나 될까? 많은 경우, 그냥 '아는 것'에서 멈출 때가 많아.

하지만 지혜는 달라. 지혜는 단순한 정보가 아니라, 배운 것을 마음속에 깊이 새기고, 상황에 맞게 행동으로 옮길 줄 아는 능력이야. 예를 들어 '실패는 성공의 어머니'라는 말을 아는 것과 실제 실패를 겪었을 때 좌절하지 않고 배우려고 노력하는 건 전혀 달라.

지식은 머릿속에 넣을 수 있지만 지혜는 마음으로 체득하는 거라 시간이 걸리고 꾸준한 노력이 필요해. 현명한 사람들은 단순히 많은 것을 '아는' 데 그치지 않고 자신의 생각과 행동을 바꾸는 데 집중해.

너도 배운 걸 그냥 머릿속에 쌓아 두기만 하지 말고 '내가 오늘 무엇을 배웠고, 어떻게 행동할까?'를 매일 생각해 봐. 작은 실천들이 쌓이면 어느새 마음에 스며든 지혜가 되어 있을 거야.

누구나 스승

셋이 걸어가면 그중에 반드시 나의 스승이 있다.

When three people walk together, there must be one who can be my teacher.

- 공자

너에게 인생 멘토는 누구니?

나는 어떤 만남 속에서도 배움을 놓치지 않을 거야!

공자

기원전 6세기경의 중국 철학자이자 교육자이다. 유교 사상의 창시자로, 인간다운 삶과 도덕, 공동체의 조화를 강조했다. 그의 가르침은 《논어》를 통해 후대에 전해졌으며, 동양 사상의 근간을 이룬다.

 우리는 종종 배움이 특별한 자리에서만 일어난다고 생각해. 학교, 도서관, 책 속에서만 지혜를 얻을 수 있다고 믿지. 하지만 공자는 말했어. 누구와 함께 걷든 그 안에 반드시 나의 스승이 있다고.

그 말은 누군가가 나보다 뛰어나서가 아니라 모든 사람 안에 나를 성장시킬 무언가가 있다는 뜻이야. 어떤 사람은 나에게 인내를 가르쳐 주고 어떤 사람은 따뜻한 말 한마디로 내 마음을 흔들어. 또 어떤 사람은 나를 불편하게 만들지만 그 속에서도 나는 나를 더 잘 알게 되지.

살다 보면 사람 때문에 상처도 받지만 사람 덕분에 다시 일어서기도 해. 그 모든 순간이 결국 너를 빚어 가고 있는 거야. 그러니 다음에 누군가와 나란히 걷게 된다면 한번 생각해 봐.

'이 사람에게서 나는 무엇을 배우고 있을까?'

우리가 만나는 모든 사람은 잠시 머물다 가는 하루치 스승일지도 몰라.

책이 주는 순기능

하루라도 책을 읽지 않으면 입안에 가시가 돋는다.

If I go without reading for even a day, thorns sprout in my mouth.

- 안중근

오늘 너의 마음을 조금 더 깊게 만든 문장은 무엇이었니?

나는 오늘도 책 한 줄을 마음에 담을 거야!

안중근

대한 제국의 독립운동가이자 사상가이다. 국권을 되찾기 위해 몸을 던진 결연한 의지의 인물이면서도, 깊이 있는 사유와 인문 정신을 지닌 지식인이었다. 옥중에서도 책을 읽고 글을 남긴 그의 삶은, 지식이 곧 정신의 뿌리임을 보여 준다.

책은 말이 없어. 조용히 그저 네 앞에 머물러 있을 뿐이야. 하지만 네가 손을 뻗어 첫 장을 넘기는 순간, 그 말 없는 페이지가 가끔은 가장 깊은 이야기를 건네지.

책을 가까이한다는 건 지식을 쌓기 위한 일만은 아니야. 그건 마음에 작은 창문을 여는 일이야. 바람이 스며들고 햇살이 들어오고 때로는 네 마음에만 들리는 목소리가 찾아오는 시간이지. 누군가는 책을 통해 먼 세상을 여행하고 누군가는 잊고 있던 자신의 감정을 다시 마주해.

아무리 바빠도 단 한 줄이라도 읽어 보자. 누군가의 문장 안에서 오늘 하루를 버틸 힘이 자라날지도 몰라. 세상이 너무 빠르게 흘러가는 때일수록 책은 우리 안의 중심을 지켜 주는 조용한 닻이 되어 줄 거야.

그러니 작은 시간이라도 괜찮아. 책장을 한번 넘겨 봐. 내 인생의 앨범에 뾰족한 가시 대신 따사로운 꽃잎이 피어나는 걸 느끼게 될 거야. 특히 외롭고 막막한 날엔 책을 더 가까이 해 봐.

세상을 보는 눈

위급한 때일수록 힘보다는 지혜가 필요하다.

In times of crisis, wisdom is more necessary than strength.

– 아이스킬로스

마음이 흔들릴 때 너는 어떻게 하니?

나는 부드럽지만 단단한 지혜를 품을 거야!

아이스킬로스

고대 그리스의 비극 작가로, 인간의 운명과 신의 질서, 고통 속에서도 선택해야 하는 윤리적 결단을 작품에 담았다. 그의 말 속에는 전쟁을 겪은 이의 통찰과 고통 속에서도 인간다움을 잃지 않으려는 의지가 스며 있다.

 모래 폭풍에 휘말리면 가장 먼저 해야 할 일은 뭘까? 무작정 달려야 할까? 물론 그 방법도 좋겠지만 일단은 숨을 고르고 바람의 방향을 읽고 몸을 낮춰야 해.

위급한 순간에는 누구나 본능적으로 움직이려 해. '지금 뭔가 해야 해!' '가만히 있으면 안 돼!' 그 마음이 이해돼. 하지만 그럴수록 더 천천히 생각해야 해.

힘으로 밀어붙이는 게 아니라 지혜로 길을 찾아야 한다는 거야. 버티는 힘보다 판단하는 눈이 필요하고, 당장의 행동보다 내면의 침착함이 더 큰 역할을 해.

지혜는 소리 내지 않아. 하지만 조용히 귓가에 말해 줘. '지금은 깊은 생각이 필요해.' '지금은 돌아가야 해.' 그 목소리에 귀 기울일 수 있는 사람이 진짜 위기를 이겨 내는 사람이야.

오늘은 지혜를 얻어 보는 게 어떨까? 지혜는 책 속 한 문장에 오래 머무르기도 하고 어른들의 오래된 말 속에도 있어. 책도 읽고 어른들과 대화를 나누는 시간을 가졌으면 해.

생각하는 나

나는 생각한다. 그러므로 존재한다.

I think, therefore I am.

- 르네 데카르트

오늘 너의 마음은 어떤 생각으로 가득 차 있니?

나는 내 생각을 존중하고 이해할 거야!

르네 데카르트

근대 철학의 아버지로 불리며, 모든 것을 의심하는 회의주의에서 출발해 확실한 진리를 찾고자 했다. 그의 말은 '생각하는 나'가 곧 존재의 증거임을 명확히 하여, 인간 존재의 근본을 탐구하는 철학적 출발점이 되었다.

식물은 햇빛이 있어야 살고 동물은 본능을 따라 움직이지. 그들도 분명 살아 있어. 하지만 인간은 조금 달라. 우리는 생각할 수 있어. 그냥 본능에만 끌려 사는 게 아니라 '왜?'라는 질문을 던지고 '어떻게 살아야 할까'를 고민하지. 생각은 우리를 인간답게 만들어.

네가 느끼는 불안, 기쁨, 걱정, 기대 모두 너라는 존재의 증거야. 생각이 없는 존재는 상상할 수 없어. 오늘 네가 어떤 생각을 품었든 그것이 너를 존재하게 만드는 힘이라는 걸 꼭 기억해 줘.

그리고 이왕이면 그냥 생각이 아니라 옳은 생각을 하려고 애썼으면 해. 그게 바로 우리를 더 나은 사람으로 자라게 해. 생각은 눈에 보이지 않지만 그 힘은 아주 멀리까지 퍼져. 너의 말이 되고 너의 행동이 되고 결국 너의 삶이 돼. 그래서 생각은 선택이고 생각은 책임이고 생각은 사랑이야.

그러니 잠깐 멈춰서 '이게 맞는 걸까?', '누군가에게 상처가 되진 않을까?' 그렇게 스스로에게 물었으면 해. 그 마음이 진짜 멋진 거야.

진실의 외침

그래도 지구는 돈다.

And yet it moves.

– 갈릴레오 갈릴레이

네가 믿는 진실은 무엇이니?

세상이 뭐라 해도 내 신념을 지켜 나갈 거야!

갈릴레오 갈릴레이

갈릴레오 갈릴레이는 이탈리아의 물리학자, 수학자, 천문학자로 근대 과학의 아버지로 불린다. 망원경을 이용해 천체를 관측했으며, 지동설을 지지했다가 종교재판에 회부되기도 했다. 그의 발견과 연구는 과학 혁명의 토대가 되었다.

 세상에는 때로 모든 사람이 '아니다'라고 말하는 순간이 있어. 네가 옳다고 생각하는 것을, 네가 믿고 있는 것을 모두가 틀렸다고 손가락질하는 때 말이야. 갈릴레오가 바로 그런 순간을 겪었어.

당시 모든 사람은 지구가 우주의 중심이고 태양이 지구 주위를 돈다고 믿었어. 교회도, 학자들도 심지어 상식이라는 것까지도 모두 그렇게 말했지. 하지만 갈릴레오는 망원경으로 하늘을 관찰하면서 진실을 봤어. 지구가 태양 주위를 돈다는 것을. 그 진실을 외쳤지.

때로는 네가 혼자인 것 같을 때가 있을 거야. 네 꿈을, 네 가치를, 네 신념을 아무도 이해해 주지 않는 것 같을 때, 그럴 때마다 갈릴레오의 말을 기억해.

물론 때로는 굽히고 타협해야 할 순간들도 있을 거야. 하지만 마음속 깊은 곳의 진실만큼은 절대 포기하지 마. 언젠가는 시간이 너의 편이 되어 줄 테니까. 그러니까 용기를 잃지 말고 네 안의 나침반을 믿고 나아가렴.

글이라는 무기

펜은 칼보다 강하다.

The pen is mightier than the sword.

- 에드워드 불워 리턴

너는 어떤 펜을 들고 어떤 세상을 쓰고 싶니?

나의 말과 글로 세상을 이롭게 할 거야!

에드워드 불워 리턴

영국의 소설가이자 극작가, 정치인이다. 그는 《폼페이 최후의 날》, 《유진 아람》 등 대중적으로 성공한 소설들을 집필했다.

누군가는 세상을 바꾸기 위해 주먹을 쥐고 누군가는 조용히 펜을 들었어. 그리고 시간이 지나면 알게 돼. 펜 끝에서 시작된 한 줄의 문장이 세상의 방향을 바꾸기도 한다는 걸.

'펜은 칼보다 강하다'는 말은 단지 문장이 예쁘다는 뜻이 아니야. 그건 말과 생각, 기록이 세상을 움직이는 진짜 힘이라는 뜻이야. 칼은 상처를 남기지만 펜은 이해와 공감, 변화의 씨앗을 심어. 칼은 다툼을 불러오지만 펜은 서로의 마음에 다리를 놓아.

물론 펜을 사용하는 것이 항상 쉬운 일은 아니야. 때로는 진실을 말하는 용기가 필요하고 때로는 수많은 비판과 반대에 맞서야 해. 네가 쓰는 한 줄의 글, 네가 건네는 한마디의 말이 예상치 못한 큰 파장을 일으킬 수 있어. 친구에게 위로를 건네는 따뜻한 메시지일 수도 있고 불의에 맞서는 작은 목소리일 수도 있지.

중요한 건 네가 가진 펜의 힘을 믿고 긍정적인 방향으로 사용하는 거야. 오늘부터 한 줄이라도 써 보는 건 어떨까? 말은 날아가도 글은 남아 너를 대변해 줄 거야.

시간의 주인

당신의 시간은 제한되어 있다.
그러니 다른 사람의 삶을 사느라 시간을 낭비하지 말라.

Your time is limited, so don't waste it living someone else's
life.

- 스티브 잡스

너만을 위해 하루 몇 시간을 쓰고 있니?

세상을 향해 '나는 나다'라고 크게 외칠 거야!

스티브 잡스

미국의 기업가이자 발명가이다. 애플의 공동 창립자로, 컴퓨터, 스마트폰, 음악 등
여러 분야에서 혁신을 이끌어 기술과 문화에 지대한 영향을 미쳤다. 그는 '자신의
열정을 따르고 다르게 생각하라'는 메시지로 전 세계인에게 영감을 주었다.

 아무리 아쉬워도, 아무리 붙잡고 싶어도 흘러간 시간은 다시 돌아오지 않아. 그래서 더 소중하고, 더 조심스러워지는 거야.

그리고 우리 앞엔 늘 여러 갈래 길이 있어. 누군가는 말해. "이 길이 더 나아 보여." "그 길은 위험할지도 몰라." 하지만 그 말들 속에 정작 중요한 질문 하나가 빠져 있어. 그건 바로, '넌 어떤 길을 가고 싶니?'라는 질문이야.

다른 사람이 많이 걸어온 길은 익숙해 보여. 덜 아플 것 같고, 실패하지 않을 것 같지. 그래서 우리 마음도 자꾸만 그 길로 기울어. 삶은 결국 선택의 연속이야. 아무도 정답을 알려 주지 않지만 그래도 우리는 매일 한 걸음씩 나만의 방향을 만들어 가야 해. 그 길엔 네가 직접 써 내려갈 이야기들이 기다리고 있어. 누구의 흉내도 아닌 오롯이 너다운 문장들로 채워질 하루들이.

그러니 다른 사람의 삶을 사느라 시간을 낭비하지 마. 조금은 낯설지만 너답게 살아가는 길을 택하고, 조금은 느리지만 너의 시간을 지켜 내는 걸음을 내디뎌.

틀 밖의 생각

열린 마음은 가장 소중한 인간의 재산이다.

An open mind is the most precious human possession.

– 요한 볼프강 폰 괴테

Today's question

너는 어떤 새로운 것을 받아들이고 싶니?

Today's promise

나는 고정관념에서 벗어나 열린 마음으로 세상을 배울 거야!

요한 볼프강 폰 괴테

독일의 시인이자 극작가, 소설가, 과학자, 사상가이다. 그는 독일 문학의 황금기를 이끈 대표적인 인물로, 《파우스트》, 《젊은 베르테르의 슬픔》 등의 수많은 걸작을 남겼다.

 우리 모두는 세상을 바라보는 각자의 틀을 가지고 있어. 어린 시절부터 배운 것들, 경험했던 일들, 그리고 주변 사람들의 이야기들이 모여 나만의 안경을 만드는 거야. 그런데 때로는 이 틀이 너무 좁아서 새로운 것을 받아들이지 못하게 만들기도 해.

새로운 생각을 만났을 때, '말도 안 돼' 하고 문을 닫아 버리거나 나와 다른 의견을 가진 사람을 포용하지 못하고 밀어내려 하지. 이것이 바로 우리가 알게 모르게 쌓아 올리는 고정관념과 편견의 벽이 될 수 있어.

열린 마음을 가진 사람은 달라. 그들은 자신만의 틀을 넘어서 새로운 지평을 탐험할 용기를 가지고 있어. 낯선 생각 앞에서 호기심을 느끼고, 나와 다른 목소리에도 귀 기울이며 심지어는 비판적인 시선조차 배움의 기회로 삼을 줄 알지.

마치 뿌리 깊은 나무가 가지를 뻗어 넓은 그늘을 만들 듯 열린 마음은 너의 세상을 훨씬 더 넓고 깊게 만들어 줄 거야.

창의성의 기초

창의성은 규칙을 배운 다음,
그것을 깨뜨리는 방법을 아는 것이다.

Creativity is knowing the rules, then knowing how to break them.

- 달라이 라마

Today's question

넌 너만의 독창적인 무언가를 상상해 본 적이 있니?

Today's promise

난 세상의 규칙을 배우고 새로운 걸 만들어 낼 거야!

달라이 라마

티베트 불교의 정신적 지도자이자 노벨 평화상 수상자이다. 그는 자비, 평화, 비폭력의 메시지를 전 세계에 전파하며 인류의 화합과 공존을 위해 헌신하고 있다. 그의 가르침은 깊은 지혜와 통찰을 바탕으로 하며 창의적인 사고방식의 중요성을 강조한다.

창의성은 엉뚱함에서 시작되는 게 아니야. 오히려 아주 탄탄한 기본을 배운 사람만이 그 기본을 넘어서는 파격을 만들 수 있어.

처음부터 규칙을 무시하는 건 자유가 아니고 무지에서 비롯된 방황일지도 몰라. 하지만 충분히 배우고 익힌 다음, 그 틀을 넘어서려고 할 땐 그게 바로 창의성이라는 이름으로 빛나는 거야.

규칙은 마치 오랫동안 이어진 악보와 같아. 모두가 그 음을 따를 때 진짜 음악가는 거기서 쉼표 하나를 비틀고 음표 하나를 더해 새로운 울림을 만들어 내지. 그건 단순한 변형이 아니라 전체를 이해한 사람만이 만들어 낼 수 있는 새로운 조화야.

그러니 지금은 조급해하지 말고 배우고 익히는 시간을 소중히 여기자. 그건 네 안에 날개를 달아 주는 일이야. 규칙은 너를 가두기 위한 벽이 아니라 네가 더 멀리 날 수 있게 해 주는 발판이 될 거니까.

감정의 결정체

예술은 당신이 생각할 수 없는 것을 생각하게 하고
말할 수 없는 것을 말하게 한다.

Art makes you think what you cannot think and say what you
cannot say.

- 외젠 이오네스코

너의 마음을 움직이고 새로운 생각을 하게 만든 예술 작품은 무
엇이니?

나는 아주 독특한 감정과 생각을 표현할 거야!

외젠 이오네스코

루마니아 태생의 프랑스 극작가로, 부조리극의 대표적인 거장 중 한 명이다. 그의
작품은 전통적인 연극의 형식과 논리를 파괴하며, 인간 존재의 부조리함, 소통의
불가능성 등을 독특하게 표현한다. 대표작으로 《대머리 여가수》, 《의자들》 등이 있다.

 예술은 눈으로만 보는 게 아니야. 마음 깊은 곳에서 꺼내지 못한 감정을 조용히 건드리는 마법 같은 언어지.

가끔 우리는 말로 설명할 수 없는 마음을 품고 살아. 슬픔인지 외로움인지조차 모를 그 감정들이 하나의 그림, 하나의 노래, 하나의 시를 통해 비로소 모습을 드러내는 거야.

예술은 바로 그런 것 같아. 네가 미처 인식하지 못한 생각을 꺼내 보여 주고 말로 꺼내기 어려운 마음을 대신 말해 주는 거. 그래서 누군가는 그림 앞에서 조용히 울고 누군가는 노래 한 곡에 멈춰 선 채 한참을 생각에 잠기게 되는 거야.

예술은 답이 아니라 우리가 놓친 '질문'을 던져 주는 힘이 있어. 그 질문을 마주하면서 너 자신과 더 깊이 만날 수 있는 거고. 세상을 새롭게 보게 하고 사람의 마음을 가만히 들여다보게 하지.

그저 '이렇게 살아야지'가 아니라 '나는 진짜 무엇을 느끼며 살고 있는 걸까'를 묻게 해 주는 것, 그게 예술의 진짜 힘 아닐까?

행동으로 꽃피우는 계획의 씨앗

행동으로 증명

행동으로 발전하지 않는 사상은 기형아이고 속임수이다.

An idea that does not advance to action is a shapeless thing and a deception.

- 이마누엘 칸트

머릿속 아이디어를 실현하기 위해 행동을 시작할 준비가 되었니?

생각에만 머물지 않고, 반드시 행동으로 옮길 거야!

이마누엘 칸트

18세기 독일의 철학자로, 근대 철학의 중심을 이룬 인물이다. 이성과 경험의 관계, 도덕 철학 등에 대한 깊이 있는 탐구를 통해 지식과 행동의 연결을 강조했으며, 그의 사상은 서양 철학사에 지대한 영향을 미쳤다.

머릿속으로 아무리 훌륭한 아이디어를 떠올리거나 멋진 계획을 세운다 해도 그것이 현실에서 어떤 행동으로 이어지지 않으면 결국 의미 없는 상념으로 남게 돼. 생각은 씨앗과 같아서, 땅에 심고 물을 주고 가꿔야 비로소 싹을 틔우고 열매를 맺을 수 있지.

행동은 그 씨앗을 심는 과정이자, 아이디어를 현실이라는 흙 속에 뿌리내리게 하는 힘이야. 생각만 하고 행동하지 않으면, 우리는 영원히 가능성의 세계에만 머무를 뿐 현실의 변화를 만들어 낼 수 없어.

어쩌면 네 안에도 멋진 꿈이나 반짝이는 아이디어가 있지만, 막상 행동으로 옮기려니 두렵거나 막막하게 느껴져 주저하고 있을지도 몰라. 하지만 기억해. 네 생각에 생명을 불어넣고 그것을 진짜 '네 것'으로 만드는 것은 바로 '행동'이라는 사실을.

완벽한 준비가 아니어도 괜찮아. 거대한 첫걸음이 아니어도 괜찮아. 네 생각을 현실로 만들기 위한 아주 작은 행동 하나라도 오늘 시작해 봐. 그 작은 행동들이 모여 네 사상을 현실 속에서 가장 아름다운 모습으로 꽃피우게 할 테니까.

기회의 조건

기회가 왔을 때 받아들일 준비가 되어 있어야 한다.

When the opportunity arises, one must be ready to seize it.

- 벤저민 디즈레일리

오늘 너는 어떤 '기회'를 알아보고, 그걸 잡을 준비를 하고 있니?

찾아온 기회를 알아보고, 용기 있게 내 것으로 만들 거야!

벤저민 디즈레일리

영국의 정치가이자 소설가이다. 빅토리아 시대 영국 총리를 두 차례 역임했고, 통찰력과 뛰어난 언변으로 유명했다. 기회를 포착하고 활용하는 능력의 중요성을 강조한 그의 철학은 이 명언에 잘 드러난다.

삶은 예측 불가능한 기회들로 가득해. 어떤 기회는 거창하고 눈에 띄게 찾아오지만 또 어떤 기회는 아주 작고 평범한 모습으로 우리 곁을 스쳐 지나가기도 하지. 중요한 건 단지 운이 좋기를 바라는 것이 아니라 그 운을 내 것으로 만들 준비와 능력을 갖추는 거야.

많은 이들이 기회를 갈망하지만 막상 기회가 찾아왔을 때 그것을 알아보지 못하거나 준비 부족으로 놓치곤 해. 기회는 마치 물살을 타고 흘러오는 나무토막과 같아서 그것을 건져 낼 준비가 되어 있지 않으면 그대로 흘려보내게 돼.

여기서 준비란 끊임없이 배우고 경험하며 실력을 갈고닦는 노력을 뜻해. 또한 열린 마음으로 주변을 살피고 작은 변화 속에서 새로운 가능성을 포착하는 통찰력을 기르는 것이기도 해.

어쩌면 네가 평범하다고 생각하는 일상에도 숨겨진 보석 같은 기회가 있을지 몰라. 그러니 이제 두리번거리며 시간을 낭비할 필요 없어. 그 시간에 오히려 너의 오늘을 성실히 살면 되는 거야.

아침의 보상

일찍 일어나는 새가 벌레를 잡아먹는다.

The early bird catches the worm.

– 윌리엄 캠던

오늘 너의 아침은 몇 시에 시작되었니?

매일의 작은 부지런함으로, 나만의 기회를 잡을 거야!

윌리엄 캠던

영국의 역사학자, 고전학자, 지리학자로, 엘리자베스 1세 시대의 지식인 가운데 한 사람이다. 그는 영국의 과거를 탐구하고 기록으로 남긴 선구자로서, 후대 역사학과 문화 연구에 큰 영향을 주었다.

지금 네가 원하는 것을 이루기 위해 어떤 노력을 하고 있니? 어쩌면 '나중에 해도 돼' 혹은 '조금 더 쉬었다 할까?'라는 유혹에 흔들리고 있을지도 몰라.

하지만 오늘 하루, 아주 작은 일이라도 좋으니 남들보다 조금 더 일찍, 조금 더 부지런하게 움직여 봐. 그 작은 부지런함이 쌓여 네가 미처 몰랐던 기회들을 발견하게 하고 결국 네 목표를 달성하는 데 결정적인 역할을 할 테니까.

똑같은 하루 24시간이라도 어떻게 활용하느냐에 따라 얻을 수 있는 성과와 기회는 천지 차이가 될 수 있어. 때로는 그 한발 빠른 움직임이 중요한 정보를 얻거나 새로운 인연을 만나게 하고, 혹은 단단한 실력을 쌓게 하는 결정적인 계기가 되기도 하거든.

이는 단순히 아침잠을 줄이라는 의미만은 아니야. 주어진 시간 속에서 남들보다 한발 먼저 움직이고 더 많은 것을 보고 듣고 경험하려는 적극적인 태도를 의미해. 일찍 움직이는 새만이 신선한 벌레를 잡아먹을 수 있듯 삶의 기회도 먼저 움직이는 사람에게 주어진다는 걸 잊지 마.

하루의 일

하루 동안 일하지 않으면 하루 동안 먹지 않는다.

If a man does not work, neither should he eat.

- 성 바실리오스

오늘 너는 네 삶을 위해 어떤 '일'을 하고, 그 가치를 느끼고 있니?

내 노력의 가치를 믿고, 삶을 채워 나가는 데 게으르지 않을 거야!

성 바실리오스

4세기 기독교의 중요한 신학자이자 주교이다. 케사리아의 바실리오스로도 불리며, 공동체와 노동의 가치를 강조한 것으로 유명하다. 그의 가르침은 초기 기독교 수도원주의와 사회 윤리에 큰 영향을 미쳤으며, 근면한 삶의 중요성을 역설했다.

 하루는 인생의 가장 작은 단위이자 가장 큰 가능성의 시작이야. 우리는 종종 하루라는 시간을 너무 쉽게 흘려보내곤 해. 특별할 것 없는 하루라고, 또는 그냥 쉬어도 괜찮다고 스스로를 설득하지. 하지만 하루는 단순한 반복이 아니라 미래를 만들고 성장을 쌓는 벽돌이야.

해가 뜨는 순간, 우리는 새 하얀 종이를 받지. 그 종이에 어떤 이야기를 적을지는 오로지 우리의 선택에 달려 있어. 어떤 사람은 미루는 마음으로 텅 빈 종이를 남기고 또 어떤 사람은 사소한 메모 하나라도 남기려 애써. 하루가 쌓이면 그것이 결국 인생이란 책 한 권이 돼.

너에게 하루는 단순히 수업 듣고 집에 오는 날이 아니라 미래를 준비하는 작은 실천의 시간이야. 오늘 읽은 한 페이지가 내일의 사고가 되고 오늘 쓴 한 문장이 언젠가 너의 목소리가 되어 주지. 그러니 기억해 줘. 하루는 결코 작지 않다고.

지금 이 순간도 누군가는 그 하루로 꿈을 키우고 누군가는 그 하루로 인생을 바꾸고 있어. 가장 너다운 오늘을 보냈으면 해.

습관의 복리

습관은 제2의 천성이 되어 천성보다 10배의 힘을 가진다.

Habit is a second nature that has 10 times the power of nature.

- 존 드라이든

너만의 좋은 습관은 무엇이니?

매일의 작은 습관들이 나를 성장시키는 진짜 힘임을 믿을 거야!

존 드라이든

17세기 영국의 시인이자 극작가, 비평가이다. 영국의 계몽주의 시대를 대표하는 문학가 중 한 명으로, 명확하고 간결한 문장으로 당대의 사회와 인간 본성을 통찰했다. 대표적인 저서로 《지상의 사랑》이 있다.

 습관은 눈에 잘 띄지 않아. 성공한 사람의 이력서엔 드러나지 않고 SNS의 화려한 사진 속에도 나오지 않지. 하지만 모든 찬란한 결과엔 그 누구도 보지 못한 고요한 반복의 시간이 깔려 있어.

어떤 소녀가 있었어. 그 아이는 아침에 일어나면 매일 창밖을 스케치했어. 계절이 바뀌고, 하늘이 달라지고, 빛이 변할 때마다 그 작은 노트 속엔 세상이 조금씩 쌓였어. 10년이 지나 그 노트는 어느 날 미술관 한쪽 벽을 채우는 전시가 되었고 그림은 사람들의 마음을 움직였어.

이처럼 위대한 건 거창해서가 아니라 사소한 것을 오래 이어 가는 힘에서 태어난다는 거야. 그러니 지금 이 순간, 너의 작고 단순한 행동을 가볍게 여겨선 안 돼. 습관은 네가 하루하루 던지는 세상을 향한 웅변이고 의지야.

지금은 물 깊은 곳에 숨어 있는 조개일 수도 있지만 언젠가는 네가 상상도 못 했던 아름다운 진주로 돌아올 수도 있어. 반짝이는 건 순간이지만 빛나는 건 습관이야. 알겠지? 매일 너를 단단하게 만드는 습관의 위대한 힘을 굳게 믿어 봐.

운명의 주인

운명이란 자신이 스스로 만드는 것이다.

Your destiny is in your hands.

- 윌리엄 제닝스 브라이언

오늘, 너의 선택은 옳다고 생각하니?

나의 적극적인 선택과 행동으로 내 인생을 개척할 거야!

윌리엄 제닝스 브라이언

미국의 정치인이자 변호사이다. 19세기 말에서 20세기 초 미국 정치의 주요 인물로, 민주당 대통령 후보로 세 차례 출마했다. 그는 뛰어난 대중 연설가로서 자신의 선택과 의지가 삶의 방향을 결정한다는 메시지를 강조했다.

 우리는 살면서 가끔 운명이라는 이름 뒤에 숨어 버리곤 해. 일이 잘 풀리지 않을 때는 '내 팔자가 이런가 보다' 하고 체념하거나 좋은 일이 생기면 '운명처럼 찾아왔다'고 말하며 우연에 기대기도 하지. 하지만 그걸 절대적으로 믿으면 곤란해.

삶의 방향은 미리 정해져 있는 것이 아니라 바로 오늘 내리는 선택과 행동으로 결정되는 거야. 다시 말해서 운명은 저절로 찾아오는 것이 아니야. 우리가 기다린다고 해서 눈앞에 나타나는 것도 아니야. 어떤 노력을 기울이고 어떤 마음가짐으로 삶에 임하느냐에 따라 내 인생이 새롭게 쓰이는 거야.

그러니 인생의 장벽 앞에서 선택을 해야 하는 순간에 너 스스로에게 물었으면 해. '나는 어떻게 할까?' 그 물음 앞에서 남들이 뭐라고 하든, 환경이 어때 보이든 너만의 답을 내면 돼. 그러면 너만의 방향으로 갈 수 있어.

지금 이 순간이 네가 운명을 만들어 가는 첫 장면일지 몰라.

공들이는 과정

짧은 두레박으로 많은 우물의 물을 퍼 올릴 수 없다.

You cannot draw much water from a deep well with a short bucket.

- 순자

네가 공들여서 반드시 얻고 싶은 게 뭐니?

나는 오늘도 천천히, 깊이 나를 길어 올릴 거야.

순자

중국 전국 시대의 유학자이자 사상가이다. 그는 인간의 본성이 악하다고 보았지만, 교육과 노력으로 그 본성을 교정할 수 있다고 믿었다. 실용적이고 철저한 현실주의자였던 그는, 깊은 삶의 지혜를 담은 비유로 사람들을 깨우쳤다.

 모래시계를 거꾸로 세워 놓은 채 조급하게 기다리는 아이가 있었어. "왜 이렇게 천천히 떨어지는 거야?" "왜 이렇게 오래 걸려?" 그 아이는 자꾸 모래시계를 흔들고 더 빠르게 흘러가길 바랐지. 하지만 아무리 흔들어도 모래는 모래의 속도로만 떨어졌어.

누구나 조급한 마음이 있어. 빨리 성과를 내고 싶고 당장 결과가 눈앞에 보여야 안심이 되지. 하지만 순자는 말했어. 깊은 우물일수록 긴 두레박이 필요하다고. 서두른다고, 덜 준비된 마음으로 덤빈다고 결과가 빨리 따라오는 건 아니야.

어떤 꿈은 더 깊은 바닥에 숨어 있어서 그만큼 오래 기다려야 해. 두레박 줄을 길게, 단단히 내리고 수십 번 올려야 겨우 한 모금 얻을 수 있지. 너무 서두르거나 조급해하지 않았으면 해. 그 시간에 나를 더 깊이 다져 보면 어때?

그러니까 이렇게 마음속에 새겨 봐. '조급함은 나를 흔들고 준비는 나를 세운다.' 언젠가는 두레박 끈이 저 깊은 우물 바닥까지 닿을 거야.

내가 만드는 무대

환경이 사람을 만드는 것이 아니라 사람이 환경을 만든다.

Not circumstances make the man, but man makes the circumstances.

– 벤저민 디즈레일리

너는 어떤 환경을 만들고 싶니?

내가 주도적으로 내 환경을 만들고 변화시킬 거야!

벤저민 디즈레일리

영국의 정치가이자 소설가로, 두 차례에 걸쳐 영국 총리를 역임했다. 그는 보수당의 근대화를 이끌었으며, 수에즈 운하 지분 매입 등 대담한 외교 정책으로 영국의 위상을 높였다. 소설가로서도 활발히 활동하며 사회 비판적인 작품들을 남겼다.

많은 사람이 이렇게 말하곤 해. "나는 원래 그런 환경에서 자라지 않아서요." "그 애는 부모가 도와줬잖아요." "여건이 안 좋아서 시작조차 할 수 없었어요." 물론 환경은 우리를 흔들고 때로는 가로막기도 해. 하지만 그 환경이 우리를 결정 짓는 것은 아니야.

진짜 중요한 건 그 안에서 무엇을 선택하는가야. 흙먼지가 날리고 물 한 모금 없는 땅에서 누군가는 주저앉지만 또 다른 누군가는 우물을 파. 아무도 걸어 본 적 없는 들판에서 누군가는 길을 찾고 누군가는 길을 만들지.

환경이란 건 결국 마음먹은 대로 바꿀 수 있는 배경이야. 네가 진짜 주인공이 되기로 마음만 먹는다면 그 배경은 너의 무대가 될 수도 있어. 돌부리에 걸려 넘어진 자리도 눈물 젖은 방바닥도 때론 너를 더 단단하게 만들어 주는 연습장이 돼.

환경은 버리고 너를 봐. 너는 길을 찾는 사람이 아니라 길을 만드는 사람이니까.

시간의 증폭기

오늘의 하나는 내일의 두 개와 같다.

One today is worth two tomorrows.

– 벤저민 프랭클린

너는 오늘의 일을 내일로 미룬 적이 많니?

나는 오늘 하루의 가치를 최대한으로 활용할 거야!

벤저민 프랭클린

미국 건국의 아버지 중 한 명이자 정치가, 과학자, 발명가, 작가, 인쇄업자 등 다방면에 걸쳐 뛰어난 재능을 보인 인물이다. 그는 미국의 독립과 발전에 크게 기여했으며, 근면, 절약, 시간 관리의 중요성을 강조한 실용주의적 사고방식으로 유명하다.

 오늘 네가 펼쳐 든 책 한 페이지는 단순히 한 페이지로 끝나는 게 아니야. 그건 네 지성의 도서관에 추가되는 벽돌 한 장과 같아.

오늘 흘린 땀방울 하나는 내일의 근육을 만드는 촉매제가 되고 오늘 건넨 따뜻한 미소 하나는 내일의 관계를 엮는 실타래가 돼. 이 '오늘의 하나'들은 마치 시간의 증폭기에 들어간 작은 울림처럼 내일이 되면 두 배, 그다음 날엔 네 배, 기하급수적으로 확장되어 네 삶의 거대한 파동을 만들어 낼 거야.

많은 이들이 내일의 거창한 계획만 세우다가 오늘의 작은 기회를 놓치곤 해. 내일의 두 개를 쫓느라 오늘의 하나를 그림자처럼 흘려보내는 거지. 하지만 오늘의 하나는 그림자가 아니야. 그건 생명력을 품은 씨앗이야. 지금 당장 네 손안에서 움켜쥘 수 있는 유일한 보물이기도 하고.

미루지 않는다는 건 단순히 부지런하다는 의미를 넘어 시간의 복리 효과를 이해하고 그것을 너의 편으로 만드는 지혜로운 투자야. 네가 오늘 심은 씨앗이 어떤 종류의 나무로 자라날지는 오직 너의 꾸준함에 달려 있어.

작은 성장

시도하지 않는 슛은 100% 실패한다.

You miss 100% of the shots you don't take.

- 웨인 그레츠키

Today's question

넌 요즘 뭘 바꾸고 싶니?

Today's promise

난 멈추지 않고 계속 배우고 성장할 거야!

웨인 그레츠키

캐나다의 전설적인 아이스하키 선수이다. 그는 북미아이스하키리그(NHL) 역사상 가장 많은 득점과 어시스트 기록을 보유하고 있으며, 아이스하키라는 스포츠의 지형을 바꾼 인물로 평가받는다.

세상은 멈추지 않고 흘러가. 아니, 흘러가는 정도가 아니라 파도처럼 밀려오고, 어느 순간엔 완전히 방향을 바꾸기도 해. 그런 세상 속에서 우리가 가만히 있는다는 건 실은 멈춰 있는 게 아니라 점점 뒤처지고 있는 거야.

변화는 때로 두렵고, 익숙한 걸 놓는 건 망설여지지. 하지만 바람은 멈추는 나무보다 휘어지는 나무를 더 오래 살게 해. 움직일 줄 아는 존재만이 끝까지 버틸 수 있어.

세상은 계속 질문을 던져. '넌 여기에 머무를 거니? 아니면 한 발 더 나아갈래?' 작은 변화는 어쩌면 방향을 바꾸는 나침반일지도 몰라. 익숙하지 않은 도전을 향한 작은 용기, 그게 바로 내가 내 삶의 주인이 되는 첫걸음이야.

그러니 오늘 나에게 묻자. '어제의 나와 무엇이 달라졌니?' 그 물음에 답할 수 있다면 넌 결코 뒤처지고 있는 게 아니야. 변화를 두려워하지 않고 유연하게 받아들일 때, 너는 더 많은 기회를 잡고, 더 넓은 세상을 경험하며, 끊임없이 성장하는 사람이 될 수 있을 거야.

과거도 미래도 아닌 지금

지금 이 순간을 살아라.

Live in the present moment.

– 에크하르트 톨레

지금 이 순간, 너는 무엇에 집중하고 싶니?

나는 과거에 얽매이지 않고 온전히 현재를 경험하며 살 거야!

에크하르트 톨레

독일 태생의 영적 스승이자 베스트셀러 작가이다. 그는 29세에 깊은 영적 깨달음을 얻은 후, '지금 이 순간'의 중요성을 전파하는 데 전념하고 있다. 그의 저서 《삶으로 다시 떠오르기》는 전 세계적으로 수백만 부가 팔렸다.

우린 자주 미래를 걱정하거나 과거를 후회하느라 정작 가장 소중한 '지금'을 놓쳐 버릴 때가 많아. 아직 오지 않은 일에 마음이 무거워지고 이미 지나간 일로 스스로를 괴롭히기도 하지. 하지만 인생은 지금 이 순간밖에 없다는 걸 기억해 줘. 숨을 쉬고 있는 이 찰나, 내가 보고 듣고 느끼는 이 모든 것이 바로 '살아 있음'의 증거야.

우리가 바꿀 수 있는 건 오직 '지금'뿐이야. 지금 이 순간을 온전히 살아 낸다는 건 작은 순간에 집중하고 내 마음을 있는 그대로 받아들이고 나 자신에게 솔직해지는 일이야.

공부할 때는 온전히 집중하고, 친구와 있을 때는 진심으로 웃고, 혼자 있는 시간에는 내 안을 잘 들여다보는 거야. 그렇게 '지금'에 충실하면 후회 없는 나중이 만들어져.

꽃이 피는 순간을 기다리기만 하다가 그 순간을 놓쳐 버리는 것처럼 너무 멀리만 바라보다가 지금 내 곁에 있는 행복을 놓치지 않았으면 해.

삶을 빛내는 단어들

진짜 중요한 건 눈에 보이지 않아.

What is essential is invisible to the eye.

– 생텍쥐페리

너에게 정말 소중한 것은 무엇이니?

나는 마음의 눈으로 세상을 바라볼 거야!

생텍쥐페리

프랑스의 작가이자 비행사이다. 그는 자신의 비행 경험에서 영감을 받아 《어린 왕자》, 《야간 비행》과 같은 작품들을 남겼다. 특히 《어린 왕자》는 전 세계적으로 사랑받는 고전으로 눈에 보이지 않는 본질적인 가치들의 중요성을 아름답게 일깨워준다.

반짝이는 휴대전화 화면, 멋진 옷, 인기 있는 친구들. 하지만 진짜 가치는 그 이면에 숨어 있어, 눈에 보이지 않는 곳에 존재하거든.

우리 삶에서 중요한 단어들, 예를 들면 '사랑', '믿음', '용기', '희망', '정직', '성장' 같은 것들은 눈에 보이지 않아도 마음 한편에서 우리를 굳건하게 지탱해 주는 힘이야.

사랑이란 눈에 보이지 않지만 그 따뜻함은 누군가의 마음을 녹이고 세상을 부드럽게 만들어. 믿음은 어려울 때 우리를 일으켜 세우고 앞으로 나아가게 해 주지.

눈에 보이지 않는 가치들을 소중히 여기고 지켜 가는 것이야말로 진짜 용기이며 진짜 지혜야. 그래서 내면을 돌보고 자신과 타인을 깊이 이해하며 진심으로 살아가는 것이 중요해.

그 마음의 힘이 우리 삶을 더욱 빛나게 만들고 어려운 순간에도 흔들리지 않는 단단함이 되어 줄 거야.

내가 사랑하는 나

가장 강한 적은 자기 자신이다.

The greatest enemy is yourself.

- 플라톤

너는 지금 네 안의 무엇과 싸우고 있니?

내 안의 나약함과 싸워 이기고 진정한 나를 찾아낼 거야!

플라톤

고대 그리스의 위대한 철학자이다. 소크라테스의 제자로, 서양 철학의 기초를 다진 인물 중 한 명이다. 그의 철학은 이데아론, 국가론 등 광범위하며, 인간의 본성과 내면의 싸움에 대한 깊은 통찰을 담고 있다.

　가끔은 바깥이 아니라 내 안에서 싸움이 시작돼. 남들이 뭐라고 하기도 전에 스스로 주눅 들고, 아직 시작도 안 했는데 '난 안 될 거야'라고 말하게 되지.

　그럴 때면 마음속에 작은 그림자가 생겨. 그 그림자는 자꾸 말해. '너는 부족해.' '어차피 해 봤자 안 될걸.' '다른 애들이 훨씬 나아.' 조용하지만 집요하게, 너를 주저앉히려 하지.

　그 그림자와의 싸움은 겉으론 보이지 않아. 아무도 모르게 혼자 애쓰고 마음속에서 몇 번이고 넘어지게 돼. 진짜 강한 사람은 그 그림자와 끝까지 마주 앉을 줄 아는 사람이야. 도망치지 않고 자신의 마음을 천천히 들여다볼 수 있는 사람. 무서워도, 부끄러워도 내 안에 있는 두려움과 작아진 마음을 꼭 안아 줄 수 있는 사람.

　세상에서 가장 강한 적은 너를 무너뜨리는 너 자신일지 몰라. 그렇지만 동시에 너를 일으켜 세울 수 있는 유일한 존재도 바로 너야. 그러니 스스로를 미워하지 마. 의심하지 마. 때론 네 안의 작은 그림자도 자라기 위한 통로일 수 있으니까.

서로를 잇는 관계, 사랑의 울림

친구의 의미

진정한 친구는 어려울 때 곁에 있는 사람이다.

A friend in need is a friend indeed.

– 에우리피데스

너에게 '어려울 때 곁에 있어 준' 소중한 친구는 누구니?

어려울 때 힘이 되어 주는 진정한 친구의 가치를 잊지 않고, 나 또한 그런 친구가 될 거야!

에우리피데스

고대 그리스 아테네의 3대 비극 시인 중 한 명이다. 인간의 심리와 사회적 문제를 깊이 탐구한 작품들을 남겼으며, 그의 관찰력은 인간관계의 본질에 대한 통찰로 이어져 이러한 명언을 남겼다.

삶이라는 여정에는 예상치 못한 비바람이 몰아치거나 어둠 속을 걸어야 할 때가 분명 찾아와. 그때, 화려했던 시절의 인맥은 사라지고 초라해진 네 곁을 묵묵히 지켜 주고 따뜻한 말 한마디 건네거나 그저 조용히 함께 있어 주는 사람이 바로 진짜 친구야.

그들의 존재 자체만으로도 우리는 다시 일어설 힘을 얻고, 혼자가 아니라는 위안을 받게 돼. 진정한 우정은 기쁠 때보다 힘들 때 더욱 선명하게 빛나는 법이지. 지금 네 삶에 그런 친구가 있다면, 그 관계의 소중함을 절대 잊지 마.

그리고 동시에 스스로에게 물어봐. 나는 누군가에게 어려울 때 기댈 수 있는 그런 친구인가? 진정한 친구는 받기만 하는 존재가 아니라, 기꺼이 자신의 시간과 마음을 내주는 존재이기도 하니까.

어려울 때 서로의 곁을 지키는 깊은 우정이야말로 삶의 가장 큰 선물 중 하나일 거야.

바꿔 생각하기

역지사지 易地思之

Put yourself in someone else's shoes.

-《예기》

오늘 너는 다른 사람의 마음을 얼마나 이해하려고 노력했니?

나는 상대의 입장에서 생각하며, 마음의 거리를 좁혀 갈 거야.

《예기》

고대 중국 유교 경전 중 하나로, 유교의 핵심 사상인 '예禮'에 대한 다양한 기록과 해석을 담고 있는 책이다. 유교의 오경 五經 중 하나로 꼽히며, 공자와 그의 제자들의 예에 대한 견해가 포함되어 있다.

누군가의 말이 쉽게 이해되지 않을 때가 있어. 도무지 왜 그렇게 행동했는지 알 수 없고 괜히 섭섭하고, 마음이 상할 때도 있지. 그럴 때 한 걸음만 옆으로 가 볼까. 잠시 그 사람의 자리에 서 보는 거야.

그 입장에서 다시 보면 내가 못 보았던 장면이 보일 수 있어. 말하지 못했을 사정, 조용히 삼킨 속마음 그리고 내가 오해했던 마음까지. 입장을 바꿔 보는 건 내가 틀렸다는 뜻이 아니야. 다른 생각도 있다는 걸 받아들이는 용기야.

세상은 나만의 시선으로는 다 담을 수 없어. 그래서 우리는 서로 다르게 보고 다르게 느껴. 그 다름 속에 실은 수많은 진심이 숨어 있어. 가끔은 누군가의 말이 낯설게 들리더라도 '왜 저렇게 말했을까?' 한 번쯤 물어봐 줘. 그 한마디가 세상을 훨씬 더 넓고 따뜻하게 만들어.

오늘 하루, 누군가의 입장에서 한 걸음 더 다가가 보는 건 어때? 상대의 마음이 조금씩 읽힐 거야.

문이 열려 있는 집

집을 가장 아름답게 꾸며 주는 것은
자주 찾아오는 친구들이다.

The ornament of a house is the friends who frequent it.

– 랠프 월도 에머슨

너는 친구들과 어떤 시간을 보내고, 그 시간을 어떻게 소중하게
만들 거야?

나는 친구들과의 만남을 귀하게 여기고, 따뜻한 마음으로 함께할
거야!

랠프 월도 에머슨

19세기 미국의 철학자이자 사상가, 시인이다. 그는 자연과 인간, 그리고 개인의 내
면 세계를 깊이 탐구했다. 대표 저서로는 《자기신뢰》, 《자연》 그리고 강연 모음 《인
간의 본성》 등이 있다.

집이라는 공간은 벽돌과 나무로만 이루어지지 않아. 진짜 집은 그 안에 머무는 사람들, 그리고 그곳을 찾아와 함께 시간을 보내는 친구들로 완성되는 거야. 누군가 네 집 문을 열고 들어와 웃고 떠들고 함께 밥을 먹을 때 그 집은 고급 가구로 채워진 그 어떤 공간보다 더 따뜻하고 반짝이는 공간으로 변해.

친구와의 시간은 흔한 것 같지만 사실은 가장 값진 보물이야. 힘들 때 기대고, 즐거울 때 웃고, 때론 서로의 이야기를 들어주는 그 시간들이 네 마음에 큰 힘이 되고 집에 생기를 불어넣지.

현명한 사람은 친구와의 만남을 소홀히 하지 않아. 서로 바쁘고 멀리 떨어져 있어도 마음을 다해 자주 찾아가고 서로의 삶에 작은 빛이 되어 주려 노력하지.

너도 네 집에 친구들이 자주 찾아오도록 마음의 문을 활짝 열어봐. 그럼 네 삶도 더 풍성하고 아름다워질 거야.

서로를 위한 마음

진정한 우정은 떨어져 있어도 마음이 함께 있는 것이다.

True friendship is when minds are united even when bodies are separated.

- 알베르 카뮈

Today's question

물리적인 거리가 우정을 막을 수 있다고 생각하니?

Today's promise

소중한 친구들과의 우정을 소홀히 하지 않을 거야!

알베르 카뮈

프랑스의 소설가이자 극작가, 철학자로, 1957년 노벨 문학상을 수상했다. 그는 부조리 철학의 대표적인 인물로 알려져 있으며 《이방인》, 《페스트》 등의 작품을 통해 인간 존재의 의미와 삶의 부조리에 대한 깊은 통찰을 제시했다.

1차 세계 대전 때의 이야기야. 두 병사가 전쟁터에서 함께 싸우며 깊은 우정을 나눴어. 그러던 어느 날, 전투 중 한 병사가 총에 맞아 적진 가까이에 쓰러지고 말았어. 그 모습을 본 다른 병사는 상관에게 말했어. "그 친구를 구하러 가겠습니다." 상관은 말렸어. "이미 늦었을 거야. 가 봤자 너도 위험할 뿐이야."

하지만 그는 망설이지 않고 적진으로 몸을 던졌고 기적처럼 친구를 등에 업고 돌아왔어. 그러나 친구는 돌아오는 길에 숨을 거두고 말았지. 상관이 화가 나 말했어. "봐, 내가 뭐랬어. 괜히 위험만 감수했잖아." 그 병사는 조용히 웃으며 대답했어. "아뇨, 아닙니다. 제가 도착했을 때, 친구가 이렇게 말했어요. '네가 와줄 줄 알았어.' 그 한마디면 됐습니다."

친구랑 자주 보면 좋겠지. 하지만 물리적인 거리가 우정의 본질은 아니야. 정말로 좋은 관계란 서로에 대한 진심과 이해, 그리고 변치 않는 믿음이야. 때로는 서운하고 아쉬운 마음이 들 수도 있을 거야. 그래도 마음의 끈은 놓지 않았으면 해.

다정한 손길

작은 친절이 세상을 바꾼다.

A kind word warms the heart, a small deed changes the world.

- 이솝

너는 오늘 어떤 작은 친절을 베풀고 싶니?

나의 작은 행동으로 주변을 따뜻하게 만들 거야!

이솝

고대 그리스의 우화 작가로 알려져 있다. 그의 우화들은 주로 동물들을 의인화하여 인간의 도덕과 지혜를 가르치는 내용을 담고 있다. 〈여우와 신포도〉, 〈토끼와 거북이〉 등 수많은 우화는 전 세계 어린이들에게 사랑받으며 교훈을 전달하고 있다.

어느 날, 해와 북풍이 누가 더 강한지 내기를 했어. 지나가는 나그네의 외투를 벗기는 사람이 이기는 걸로 정했지.

북풍이 먼저 나섰어. 강한 바람을 몰아치며 외투를 벗기려 했지만 나그네는 오히려 외투를 더 꽁꽁 여며 버렸어. 그다음은 해의 차례. 해는 아무 말 없이 조용히 빛을 비췄고 햇살은 따뜻하게 나그네를 감쌌어. 그 온기에 나그네는 천천히 외투를 벗었어. 해의 승리였지.

누군가의 마음을 움직이는 데 항상 큰소리나 강한 힘이 필요한 건 아니야. 쏟아지는 비난이나 강요 앞에선 자꾸만 자신을 숨기게 돼. 하지만 조용하고 부드러운 손길이 단단히 닫힌 마음의 문을 열게 해. 햇볕이 얼음을 깨뜨리는 게 아니라 따뜻함으로 녹이듯이 사람의 마음도 다정함으로 물들어 가는 거야.

친절은 결코 작지 않아. 누군가에게는 그 하루를 견디게 하는 유일한 온기일 수 있으니까.

다름의 가치

다르다는 건 열등하지 않아. 특별한 거야.

To be different isn't to be inferior. It's to be special.

– 템플 그랜딘

너의 어떤 다름이 너를 특별하게 만드니?

나의 다름으로 특별한 가치를 발견하며 살아갈 거야!

템플 그랜딘

미국의 동물학자이자 베스트셀러 작가, 그리고 자폐 스펙트럼 장애를 가진 사람들을 위한 사회 운동가이다. 그녀는 어린 시절 자폐 진단을 받았지만 남다른 시각과 독특한 사고방식으로 동물 행동 분야에서 혁신적인 기여를 했다.

누구나 한 번쯤은 이런 생각을 해. '왜 나만 이럴까?' '왜 나는 다르지?' 그러고는 슬며시 고개를 숙이고 자신을 있는 그대로 바라보는 일이 힘들어져.

하지만 잘 생각해 봐. 모든 별이 같은 색으로 빛난다면 우리는 별자리를 구별할 수 없을 거야. 밤하늘을 아름답게 만드는 건 그 속에 존재하는 '다양함'이야. 누군가는 반짝이는 금성 같고 누군가는 조용히 흐르는 은하수 같지.

우리는 모두 각자의 방식으로 피어나는 꽃이야. 봄에 피는 벚꽃도, 한여름의 백합도, 가을의 코스모스도, 겨울의 동백도 모두 다른 때에 다른 색으로 피어나. 하지만 누구 하나 자신의 계절을 미워하지 않아.

네가 지금 세상과 어딘가 어긋난다고 느낀다면 그건 너만의 리듬으로 걷고 있다는 뜻이야. 다름은 열등한 게 아니라 세상이라는 커다란 퍼즐에서 네 자리를 완성해 줄 마지막 한 조각인 거야. 거울 속 너는 이 세상에 단 한 명뿐인 존재이고 너는 너로 충분해.

어머니의 사랑

어머니의 팔은 자비로 가득한 이불이다.

The mother's arm is an embrace of mercy.

- 빅토르 위고

너는 '어머니' 하면 무엇부터 생각나니?

나는 오늘 어머니에게 사랑의 마음을 표현할 거야!

빅토르 위고

프랑스의 대문호이자 시인, 소설가, 극작가이다. 그는 《레미제라블》, 《노트르담의 꼽추》와 같은 걸작들을 통해 사회 정의, 빈곤, 인간의 존엄성 등 굵직한 주제들을 다루었다. 그의 작품들은 문학적 가치뿐만 아니라 사회적 메시지로도 큰 영향을 미쳤다.

익숙하다는 건 참 무서운 거야. 매일 아침 똑같이 해 주는 밥, 말없이 챙겨 주는 겉옷 한 벌, 잠든 사이 이불을 다시 덮어 주는 손길. 이 모든 것이 너무 자연스러워서 우리는 그게 '사랑'이라는 걸 자주 잊고 살아.

어머니의 사랑은 큰 소리로 말하지 않아. 노을처럼 하루의 끝자락에 조용히 번져 오는 온기 같아. 해는 스스로 뜨지도 지지도 않는데 우린 늘 그 자리에 있을 줄 알지. 어머니의 사랑도 그래. 늘 곁에 있으니 그 무게를 잊게 돼.

어릴 적엔 엄마 무릎에 얼굴을 묻으면 다 괜찮아졌고 밤에 무서운 꿈을 꾸면 엄마가 손을 꼭 잡아 줬지. 그 손은 작고 거칠었지만 무슨 마법처럼 마음을 편하게 했어. 사랑은 꼭 커다란 말로 표현되지 않아.

언제나 네 편이라는 걸 굳이 말하지 않아도 아는 존재. 그게 어머니야. 그리고 그 사랑은 네가 생각하는 것보다 훨씬 더 오래, 더 깊이, 너의 삶을 지켜 주는 힘이 돼.

혹시 오늘 하루, 너무 지치고 힘들었다면 잠시 눈을 감고 떠올려 봐. 그리고 아주 작게 말해 줘. "엄마, 고마워요. 늘 거기 있어 줘서."

따뜻한 공감

동병상련 同病相憐

Those who are of the same affliction sympathize with each other.

- 장자

너는 어떤 아픔과 공감하며 어떻게 다른 사람과 연결되고 있니?

나는 다른 사람의 아픔에 공감하고 더 이해할 거야!

장자

중국 전국 시대의 사상가로, 노자와 함께 도가 道家 사상의 양대 산맥을 이룬다. 그는 인위적인 규범과 속박에서 벗어나 자연의 흐름에 순응하며 사는 삶의 지혜를 강조했다.

'동병상련'이라는 사자성어는 같은 병을 앓는 사람끼리 서로를 불쌍히 여긴다는 뜻이야. 즉, 같은 어려움이나 고통을 겪어 본 사람만이 상대방의 아픔을 진정으로 이해하고 공감할 수 있다는 깊은 의미를 담고 있지. 우리는 살아가면서 저마다의 고통과 상처를 안고 있는데 이때 나와 같은 처지의 사람을 만났을 때 느끼는 안도감과 유대감은 정말 특별해.

현대 사회는 빠르게 변화하고 개인주의적 성향이 강해지면서 서로에게 무관심해지기 쉽다고들 해. 하지만 '동병상련'의 가치는 이런 시대에 더욱 빛을 발해. SNS에서 나와 비슷한 고민을 가진 사람들의 이야기에 공감하고 위로를 얻거나 특정 질병을 앓는 사람들이 모여 서로에게 힘이 되어 주는 커뮤니티처럼 말이야.

다른 사람의 고통을 다 안다고 함부로 말하지 마. 겪어 보지 않았다면 온전히 이해하기는 어려울 수 있어. 하지만 최소한 그들의 아픔에 귀 기울이고 공감하려는 노력은 할 수 있지. 다시 말해서 가장 중요한 건 마음을 읽고 이해와 공감을 쓰는 거야.

사람이라는 하늘

사람 섬기기를 하늘과 같이 하라.

Serve people as you would serve Heaven.

- 맹자

너는 누군가를 무시하고 함부로 대한 적이 있니?

나는 모든 사람을 존엄성과 가치를 존중하며 대할 거야!

맹자

중국 전국 시대의 사상가이자 유교의 대표적인 학자이다. 공자의 사상을 계승하여 '성선설性善說'을 주장했으며, 인간의 본성이 선하다는 것을 바탕으로 인의仁義를 강조했다.

우린 종종 겉모습으로 누군가를 판단해. 말투가 낯설어서, 생김새가 달라서, 다르다는 이유로 슬쩍 눈을 피하거나 속으로 선을 그어 버릴 때가 있지. 그런데 하늘은 누구에게도 차별 없이 빛을 내려 주고 바람을 보내고 가끔은 비를 내려 마음을 씻어 주기도 해.

그 하늘처럼 사람도 누구든 존중받아야 할 존재야. 예의는 단순히 인사 잘하고 말끝을 높이는 게 아니야. 그 사람의 말을 귀 기울여 듣는 태도, 다른 삶의 방식도 틀리지 않았다고 인정하는 마음, 그리고 내 안에 숨은 편견을 들여다보는 용기, 이 모든 게 사람을 섬기는 자세야.

누군가는 화려하게 빛나고 누군가는 다정하게 다가오고 누군가는 상처를 가득 품고 살아가. 그러니 네가 만나는 사람마다 그 마음의 하늘을 올려다본다고 생각해 봐. 가볍게 넘기지 말고 눈 맞춤 하나, 말 한마디에도 조금 더 따뜻한 빛을 담을 수 있길 바라.

사람을 섬기는 마음은 결국 너 자신에게도 되돌아와. 존중하는 마음은 존중받는 삶을 이끄는 힘이 되니까.

감사가 주는 햇살

행복은 감사에서 시작된다.

Happiness begins with gratitude.

- 오프라 윈프리

너는 오늘 어떤 것에 감사하니?

나는 매일의 작은 감사함을 발견할 거야!

오프라 윈프리

미국의 방송인이자 미디어 경영자, 자선사업가이다. 그녀는 〈오프라 윈프리 쇼〉를
통해 전 세계적인 인기를 얻었으며, 미디어 역사상 가장 영향력 있는 인물 중 한 명
으로 평가받는다.

고마운 걸 자주 느끼는 사람은 세상을 조금 더 따뜻하게 살아가는 사람이야. 감사를 아는 마음은 마치 마음속에 작은 햇살이 드는 것 같아. 비가 와도, 바람이 불어도 그 따스함은 쉽게 사라지지 않거든.

사실 우리가 누리는 많은 것들은 당연한 게 아니야. 아침에 눈을 뜰 수 있는 것, 누군가 "잘 지냈어?"라고 물어 주는 것, 힘든 날에도 하루를 버텨 낸 나 자신까지. 그 모든 건 고마움으로 바라볼 수 있는 선물이야.

감사의 마음은 나를 변화시켜. 짜증 대신 웃음을, 비난 대신 이해를 주고, 절망 대신 희망을 바라보게 해. 그리고 그 마음은 주변으로도 퍼져. 내가 먼저 감사한 마음을 표현하면 그 따뜻함은 누군가의 하루를 환하게 만들기도 하지.

작은 실천부터 시작해 볼 수 있어. 매일 저녁, 감사 일기를 한 줄씩 써 보는 거야. 오늘 나를 웃게 한 일, 고맙다고 말하고 싶은 사람, 작은 기쁨 하나를 적어 보는 거지. 어때? 참으로 감사한 하루의 마무리가 되겠지?

도움의 순환

당신이 갖고 싶은 것을 얻기 위해서는
다른 사람들이 원하는 것을 먼저 도와주어야 한다.

You can have everything in life you want, if you will just help
enough other people get what they want.

- 지그 지글러

너는 오늘 타인에게 무엇을 줄 수 있니?

나는 다른 사람들을 돕는 데 기꺼이 시간과 노력을 투자할 거야!

지그 지글러

미국의 유명한 동기 부여 강사이자 작가이다. 그는 영업 분야에서 성공적인 경력
을 쌓았으며, 이후 수많은 책과 강연을 통해 사람들에게 긍정적인 사고방식, 목표
설정, 그리고 성공적인 삶의 비결을 전파했다.

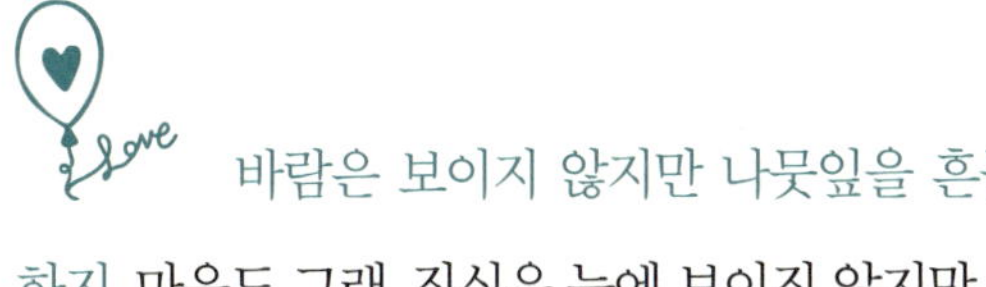

바람은 보이지 않지만 나뭇잎을 흔들고 꽃잎을 춤추게 하지. 마음도 그래. 진심은 눈에 보이진 않지만 사람의 마음을 움직이게 해.

우리는 종종 바라지. 누군가 나를 알아주길, 내 꿈을 응원해 주길, 그리고 내 손을 잡아 주길. 하지만 거울을 한번 생각해 봐. 내가 웃어야 거울 속 사람도 웃지. 누군가에게 먼저 손을 내밀어야 비로소 그 손이 따뜻해지는 거야.

세상은 하나의 정원 같아. 너만의 꿈이라는 씨앗을 심었더라도, 그 뿌리를 깊게 내리려면 서로의 꿈을 위한 물을 함께 나눠야 해. 네가 물을 준 작은 싹이 나중에 그늘이 되어 너를 쉬게 할지도 몰라. 그러니까 너무 조급해하지 말자.

내가 원하는 걸 붙잡기 전에 누군가의 마음을 먼저 살펴보는 거야. 도움을 준다는 건 힘을 쓰는 게 아니라 마음을 기울이는 거거든. 이상하지? 내가 가진 걸 조금 나눴을 뿐인데 마음은 오히려 더 풍성해져. 결국 내가 원하는 걸 얻는 가장 빠른 길은 누군가의 소원을 먼저 들어주는 거야.

더 깊은 사람

남의 잘못은 보기 쉬워도 나의 잘못은 보기 어렵다.

It's easier to see others' faults than our own.

- 부처

너는 자신의 어떤 점을 가장 솔직하게 돌아보고 싶니?

나는 스스로의 부족함을 겸허하게 인정할 거야!

부처

기원전 6세기경 인도에서 살았던 고대 현자로, 불교의 창시자이다. 그의 본명은 고타마 싯다르타이며, 생로병사의 고통을 초월하고 깨달음을 얻기 위해 모든 것을 버리고 수행의 길을 걸었다.

남의 잘못은 금세 눈에 띄는데 내 잘못은 거울처럼 비춰 보지 않으면 잘 보이지 않아. 그건 아마 눈은 바깥을 보도록 만들어졌고 마음은 안을 들여다보도록 길들여져야 하기 때문이겠지.

남의 실수는 유난히 크게 보이는데 내 실수는 '그럴 수도 있지' 하며 쉽게 지나가곤 해. 마치 유리창에 묻은 먼지는 잘 보이는데 내 안경에 묻은 자국은 한참을 보고 나서야 겨우 알아채는 것처럼 말이야.

하지만 진짜 성장은 그 안경을 닦는 일에서 시작돼. 다른 사람의 결점을 지적하기 전에 내 말투, 내 태도, 내 생각의 틀을 돌아보는 거야. 사람은 누구나 실수를 해. 중요한 건 실수하지 않는 게 아니라 실수를 어떻게 바라보고 받아들이느냐야.

그걸 인정할 수 있는 사람, 자기 자신을 비판할 줄 아는 사람이 더 나은 사람이 될 수 있어. 그러니 남의 잘못을 보기 전에 잠깐 멈춰서 내 마음을 들여다봐. 그런 작은 성찰이 우릴 더 깊은 사람으로 만들어 줄 거야.

불완전한 완성

사랑이란 두 개의 불완전한 영혼이
서로를 완벽하게 만드는 것이다.

Love is two imperfect souls making each other perfect.

- 존 레넌

너는 사랑을 통해 얻을 수 있는 게 뭐라고 생각하니?

나는 사랑하는 사람과 함께 더 나은 존재로 성장할 거야!

존 레넌

영국의 전설적인 음악가이자 평화 운동가이며, 비틀즈 The Beatles의 멤버로 세계적인 명성을 얻었다. 그는 음악을 통해 사랑, 평화, 사회 정의에 대한 메시지를 전파했으며, 오노 요코와의 관계를 통해 사랑의 본질과 인간적인 연대의 중요성을 표현했다.

사랑은 꼭 완벽한 두 사람이 만나서 이뤄지는 게 아니야. 오히려 조금씩 모자라고 조금씩 다르기 때문에 서로를 바라보게 되고, 이해하려 애쓰게 되지. 사랑은 두 개의 퍼즐 조각 같아. 처음엔 어딘가 맞지 않는 것 같고 모난 부분이 눈에 띄지만 천천히 맞춰 가다 보면 그 모서리마저도 서로를 꼭 끌어안는 자리가 돼.

서로의 틈을 메워 주는 일, 넘어진 날엔 조용히 손 내밀어 주는 일, 때로는 침묵으로도 함께해 주는 일. 그런 것들이 모여 사랑은 점점 '우리'라는 이름을 만들어 가는 거야. 사랑은 완벽한 사람이 아니라 서툰 나를 있는 그대로 바라봐 주는 사람과 함께할 때 비로소 가장 따뜻한 기적이 돼.

그러니 이제 너 자신이나 사랑하는 사람의 불완전함을 두려워하지 마. 오히려 그 불완전함이 너와 그 사람이 함께 성장하고, 더욱 깊은 유대감을 형성할 수 있는 기회가 될 수 있음을 기억해.

7장

마음이 빚어내는 행복의 빛

행복을 발견하는 방법

행복은 결코 외부에서 오는 것이 아니라
우리의 마음속에서 오는 것이다.

Happiness is never something that comes from outside, but
from within our hearts.

– 헬렌 켈러

너는 어떤 마음가짐으로 진정한 행복을 찾고 싶니?

나는 내면의 행복을 스스로 만들어 갈 거야!

헬렌 켈러

미국의 작가, 정치 활동가, 그리고 강사였다. 그녀는 생후 19개월 만에 시각과 청각
을 모두 잃었지만, 앤 설리번 선생님의 도움으로 소통하는 법을 배우고 세상과 연
결되었다. 그녀의 삶은 불굴의 의지와 긍정적인 정신의 상징으로 남아 있다.

헬렌 켈러는 어린 시절 시각과 청각을 모두 잃는 엄청난 역경을 겪었어. 하지만 그녀는 절망에 머무르지 않고 세상과 적극적으로 교류했어. 그녀가 진정한 행복을 찾을 수 있었던 것은 외부적인 조건이 개선되어서가 아니라 그녀 자신의 마음속에서 삶에 대한 감사와 긍정적인 태도를 길렀기 때문이야.

우리는 물 한 잔을 마실 때 그 안에 담긴 맑은 물보다 그걸 바라보는 마음이 더 중요하다는 걸 알아야 해. 행복이 그래. 누가 주는 선물처럼 포장되어 어디선가 찾아오는 게 아니야. 진짜 행복은 내 안에서 시작되는 거야. 내가 나를 괜찮다고 안아 줄 때, 작은 일에도 고마움을 느낄 때, 남의 삶이 아닌 내 걸음에 집중할 때 조용히 피어나.

누군가는 말해. "행복해지려면 더 많이 가져야 해." 하지만 마음이 비어 있다면 아무리 많은 걸 채워도 그건 밑 빠진 그릇 같은 거야. 행복은 조건이 아니라 감각이야. 느끼고 바라보고 알아채는 힘. 그건 누구나 가질 수 있어. 지금 이 순간, 내 안을 바라볼 수만 있다면 말이야.

살아 숨 쉬는 사람들의 삶

한 나라를 제대로 알려면
그 나라의 거리에서 이틀 밤을 지새우라.

If you want to truly understand a country, spend two nights on
its streets.

- 어니스트 헤밍웨이

낯선 곳에 갔을 때, 어떤 마음과 태도로 그곳을 볼 거니?

그곳 사람들의 숨결과 일상에 귀 기울일 거야!

어니스트 헤밍웨이

20세기 미국을 대표하는 소설가이자 저널리스트이다. 대표작으로는 《노인과 바다》, 《누구를 위하여 종이 울리나》 등이 있다. 그는 전쟁과 모험, 사랑과 상실 등 다양한 주제를 다루면서도 늘 현장에서 직접 부딪혀 경험하는 것을 중요하게 여겼다.

여행할 때 우리 대부분은 멋진 명소, 유명한 관광지, 화려한 풍경만 찾곤 하지. 물론 그런 곳들도 좋지만 그 나라의 진짜 모습을 알기엔 부족해. 진짜 그 나라를 알고 싶다면 그 나라 사람들의 일상, 골목길의 숨결, 아침부터 밤까지 움직이는 삶의 소리와 냄새에 귀 기울여야 해.

처음엔 낯설고 불편할 수 있어. 모르는 말, 낯선 풍경, 그리고 예상치 못한 상황들이 너를 당황하게 할지도 몰라. 하지만 그 불편함이 바로 여행의 시작이자 배움의 문이야.

서두르지 말고 천천히 그들과 함께 호흡해 봐. 눈에 보이는 것보다 더 깊은 것을 보려고 노력해. 역사와 고난, 희망과 기쁨, 그리고 오늘을 살아가는 사람들의 이야기를 듣는 거야.

두 밤을 그 거리에서 보내면 그 나라가 단순한 지도가 아니라 살아 숨 쉬는 사람들의 삶임을 알게 될 거야. 그들의 꿈과 아픔, 그리고 웃음까지도 함께 느낄 수 있을 거야.

웃음의 긍정

어려울수록 웃어라. 그게 진짜 용기다.

You'll find that life is still worthwhile, if you just smile.

- 찰리 채플린

어떤 어려움 속에서도 미소를 찾아낼 수 있겠니?

힘든 순간에도 웃음을 잃지 않는 진짜 용기를 보여 줄 거야!

찰리 채플린

영국의 전설적인 코미디언이자 영화감독, 배우이다. 무성영화 시대의 아이콘으로 〈모던 타임즈〉, 〈황금광 시대〉 등 웃음과 감동, 사회 비판을 담은 수많은 명작을 남겼다. 그의 작품과 삶은 고난 속에서도 희망을 잃지 않는 웃음의 힘을 보여 준다.

인생은 때로 무대 위 개그처럼 우스꽝스럽고 때로는 비극처럼 어두워. 특히 힘든 순간에는 웃음 한 자락조차 사치처럼 느껴지기도 하지. 하지만 불우한 어린 시절과 수많은 역경 속에서도 전 세계인에게 웃음을 선사했던 찰리 채플린은 웃음의 가치를 말했어.

이는 단순히 슬픔을 감추거나 억지로 행복한 척하라는 의미가 아니야. 진정한 용기는 고통과 마주했을 때 그 감정을 외면하지 않으면서도 내면의 강인함을 바탕으로 작은 희망이나 긍정적인 면을 찾아내려는 노력에 있어.

웃음은 다시 일어설 힘을 얻게 하는 강력한 무기가 될 수 있지. 때로는 한 번의 웃음이 오랫동안 짓눌렸던 마음을 가볍게 하고, 새로운 시각을 열어 주기도 하니까.

해결하기 힘든 문제로 밤잠을 설칠 때도 있을 거야. 하지만 그 순간에도 웃음을 기억해. 오늘 하루, 거울 속 네 모습에 따뜻한 미소를 지어 줘. 그 작은 미소가 너의 하루를 행복하게 채워 줄 거야.

자유를 위한 몸부림

자유가 아니면 죽음을 달라.

Give me liberty or give me death.

- 패트릭 헨리

오늘 너는 어떤 '자유'를 위해 기꺼이 맞설 준비가 되었니?

어떤 억압에도 굴하지 않고, 진정한 자유를 위해 싸울 거야!

패트릭 헨리

미국 독립 혁명기의 정치가이자 연설가. 영국 식민 통치에 저항하며 식민지 주민들의 독립 의지를 불태웠던 인물이다. 1775년 버지니아 의회에서 행한 그의 이 연설은 미국 독립 혁명의 상징적인 구호가 되었으며, 자유를 향한 불굴의 의지를 대변한다.

자유는 거저 주어지는 것이 아니야. 때로는 억압과 불의에 맞서 싸우고 스스로의 권리를 지키기 위해 용기 있는 목소리를 내야만 얻을 수 있어.

우리 삶에서도 마찬가지야. 남들의 시선에 갇히거나 익숙함이라는 틀에 갇혀 자신을 제한하는 것은 어쩌면 작은 형태의 자유를 잃는 것과 다름없을지 몰라. 진정한 자유는 타인의 강요나 사회적 기대에 따르기보다 나 스스로 선택하고 결정하며 책임지는 삶을 사는 데서 비롯돼.

또한 자유, 그 안엔 진짜로 '나답게 살고 싶다'는 간절한 마음이 담겨 있어. 누구나 자기만의 삶이 있어. 하고 싶은 게 있고, 하고 싶지 않은 것도 있고, 내가 선택하고 싶은 길이 있지.

그런데 세상은 자꾸 말해. "이게 정답이야." "이 길로 가야 성공해." "그건 너무 위험하니까 하지 마." 그때마다 우리는 흔들려. 내 마음보다 남의 말이 더 커져 버려. 그러다 보면 어느새 나는 사라지고 남들이 만든 틀 안에 나를 꾹꾹 눌러 넣게 돼.

자유에 대한 책임과 자유를 선택할 권리, 너로부터 시작했으면 해.

영원한 아름다움

인생은 짧고 예술은 길다.

Life is short, art is long.

– 히포크라테스

너는 어떤 아름다움을 세상에 남기고 싶니?

나는 의미 있는 것들을 만들어 갈 거야!

히포크라테스

고대 그리스의 의사로 '의학의 아버지'라 불린다. 질병을 신의 저주가 아닌 자연적 현상으로 보고 과학적 관찰과 치료법을 개발했다. '히포크라테스 선서'로도 유명하며, 의학 윤리의 기초를 세웠다.

가끔 시간이 너무 빨리 지나간다고 느낄 때가 있어. 어제 새해를 맞았는데 벌써 반년이 흘렀고 어린 시절이 엊그제 같은데 어느새 학교를 다니게 되었고. 어쩌면 우주의 시간에 비해 내게 주어진 인생이라는 시간은 짧을 수도 있어.

하지만 의외로 예술은 길어. 몇백 년 전의 시나 그림에 사람들이 여전히 열광하고 있고, 아마 100년 후에도 그 예술의 생명력은 계속 지속될 거야. 예술은 시간보다 느리게 움직이지만 시간보다 오래 머물러.

그렇다고 모든 이가 다 예술가가 되라는 건 아니야. 꼭 시를 쓰고 붓을 잡아야 예술인 건 아니야. 자기 삶을 정성껏 살아 내는 사람, 그 하루를 소중하게 맞이하는 마음, 누군가의 고통에 조용히 귀 기울이는 태도, 그런 순간이 모이고 쌓이면 그 자체로 예술이 되는 거야.

내가 뭘 남길 수 있을까 고민하지 마. 삶은 이미 너에게 하나의 무대고 너의 선택과 행동 하나하나가 조용한 붓질이니까. 열심히 살아가면 돼.

충실한 오늘

내일 지구의 종말이 온다 해도
나는 오늘 한 그루의 사과나무를 심겠다.

Even if I knew the world would end tomorrow, I would still plant an apple tree today.

- 마르틴 루터

너의 마음에 어떤 나무를 심고 싶니?

나는 어떤 상황에서도 희망의 씨앗을 뿌릴 거야!

마르틴 루터

마르틴 루터는 16세기 독일의 종교 개혁가이다. 가톨릭교회의 부패를 비판하며 종교 개혁을 일으켰고 성경을 독일어로 번역하여 일반인들도 성경을 읽을 수 있게 했다. 그의 개혁 정신은 교육과 사회 전반에 큰 영향을 미쳤다.

어떤 날은 그런 생각이 들지도 몰라. '이게 무슨 소용이 있을까?' 마치 거대한 폭풍 앞에 서 있는 것 같고, 내가 가진 건 작고 마른 성냥 하나뿐인 것처럼 느껴질 때가 있어. 그럴 땐 한 걸음 내딛는 것도, 말을 건네는 것도 다 부질없는 일처럼 보일 수 있어.

그런데 말이야, 루터는 한 그루의 사과나무를 심겠다고 말했어. 그건 단순한 낭만이 아니야. 오히려 가장 처절한 희망이 담긴 말이야. 끝을 아는 사람이 지금을 포기하지 않겠다고 말하는 것. 아무것도 남지 않을지라도 지금 이 순간에 책임을 지겠다는 것.

그 사과나무는 그냥 나무가 아니야. 그건 네가 오늘 건네는 한마디의 위로일 수 있고 누군가의 손을 잡아 주는 작은 용기일 수도 있어. 숲이 무너져도 작은 새 한 마리가 마지막 가지 위에서 노래를 멈추지 않는다면, 누구도 미래를 알 수 없지만 무언가를 심는다면 내일의 모양이 조금은 바뀌지 않을까?

나로부터의 감정

남을 감동시키려면 나부터 감동해야 한다.

If you wish to move others, you must first be moved yourself.

- 키케로

너는 너 자신에게 감동을 받은 적이 있니?

내가 먼저 나에게 진심으로 대할 거야!

키케로

고대 로마의 변호사이자 웅변가, 정치인, 철학자이다. 그는 로마 공화정 말기의 격동기 속에서 활약했으며 뛰어난 연설과 저술을 통해 라틴 문학과 서양 철학에 지대한 영향을 미쳤다. '웅변술의 아버지'로도 불린다.

남을 감동시키고 싶다면 먼저 내 마음이 울어야 해. 감동은 말보다 마음이 먼저여야 하거든. 진짜 따뜻함은 소리치지 않아도 번져 나가고 진심은 굳이 포장하지 않아도 자연스레 사람 마음을 두드려.

그 시작은 항상 '나'야. 다른 사람에게 예쁘게 보이기 전에 먼저 나 자신에게 어떤 표정을 짓고 있는지 가만히 들여다봐야 해. 내가 나를 아끼지 않는데 어떻게 다른 누군가를 따뜻하게 바라볼 수 있겠어. 또 내가 내 마음을 돌보지 않는데 누군가의 마음에 가 닿을 수 있겠어.

세상은 이상하게도 진심을 알아보는 감각이 있어. 자신을 존중하는 사람의 말과 행동에선 말하지 않아도 다정한 무게가 느껴져. 그건 억지로 보여 주려 애쓰지 않아도 그 사람의 숨결과 눈빛, 가만히 앉아 있는 모습에서 전해지는 거야.

그러니까 누군가에게 닿고 싶다면 먼저 너 자신에게 다정했으면 해. 스스로에게 부드러운 말을 걸고 하루하루를 무시하지 않고 마음에 피는 작은 떨림들을 외면하지 않는 거야. 그렇게 살다 보면 너의 진심이 분명 누군가에게 온전하게 전해질 거야.

소문의 악순환

소문은 현명한 자에 이르러 멈춘다.

The rumor stops at the wise man.

- 토머스 제퍼슨

너는 어떤 지혜로 소문의 확산을 멈추게 할 수 있을까?

나는 불확실한 소문을 분별하고 신중한 태도로 취할 거야!

토머스 제퍼슨

미국의 제3대 대통령이자 미국 독립선언서의 주요 작성자이다. 그는 계몽주의 사상에 깊이 영향을 받아 자유, 민주주의, 개인의 권리를 강조했으며 미국 민주주의의 초석을 다지는 데 결정적인 역할을 했다.

물 한 방울 없이도 사람을 아프게 할 수 있는 게 있어. 바로 말이라는 거야. 어느 날, 내가 한 말도 아닌데 누군가의 입에서 이상한 얘기가 시작돼. 그리고 또 다른 누군가의 입으로 바람처럼 퍼져 나가지. 가볍게, 빠르게. 그러다가 어느 순간, 누군가의 마음에 칼처럼 박히기도 해.

근데 현명한 사람은 달라. 그 말이 왜 생겼는지, 그 안에 어떤 감정이 담겼는지 먼저 생각해 봐. 그 사람은 '내가 직접 겪은 게 아니니까 섣불리 판단하지 말자' 하고 자기 입을 닫아. 무서워서가 아니라 말의 무게를 알기 때문이지.

특히 누군가를 일부러 상처 입히려고 없는 이야기를 퍼뜨리는 경우가 있어. 그건 단순한 오해가 아니라 악의적인 모함이야. 그냥 넘어가면 안 되는 진짜 아픈 말이지. 그렇다고 같이 소리 지르거나 억지로 해명할 필요는 없어. 왜냐하면 진실은 결국 드러나거든. 시간이 조금 걸릴 뿐이지.

말의 불씨를 더 멀리 옮길지, 그 자리에서 꺼뜨릴지는 너의 선택이야.

외부에서 갈구하지 않기

외부로부터 갈채만 구하는 사람은
자기의 모든 행복을 타인의 보관에 의탁하고 있다.

Those who seek only applause from others entrust all their
happiness to the custody of strangers.

- 데일 카네기

오늘 너는 어디에서 행복을 찾으려 했니? 네 마음 안에서 찾았니?

외부 조건에 흔들리지 않는 마음속 행복을 가꿀 거야!

데일 카네기

미국의 인간관계와 자기 계발 분야의 선구자. 《인간관계론》, 《걱정을 멈추고 인생을 시작하라》 등의 저서를 통해 많은 이들에게 실질적인 조언과 삶의 태도를 제시한 인물이다.

우리는 종종 행복이 저 멀리 어딘가에 있거나, 특별한 조건(돈, 성공, 완벽한 관계 등)을 갖춰야만 얻을 수 있는 것이라고 생각해. 그래서 외부의 것을 쫓느라 정작 지금 가진 것들의 소중함이나 내 안의 평화를 놓치기도 하지.

하지만 시력과 청력을 모두 잃는 극한의 상황 속에서도 희망과 행복의 메시지를 전했던 헬렌 켈러는 '행복은 바로 우리 마음속에 있다'고 말했어.

물론 힘든 시련 속에서 긍정적인 마음을 유지하기란 쉽지 않아. 하지만 불행한 상황조차도 어떻게 받아들이고 그 안에서 어떤 의미를 찾으려 노력하느냐에 따라 우리의 행복감은 달라질 수 있어.

네 주변의 모든 것이 완벽하지 않더라도, 지금 네 안에 있는 감사할 것들, 작은 기쁨들, 그리고 스스로를 아끼는 마음들에 집중해 봐. 네 마음을 정원처럼 가꾸고 돌볼 때, 그 어떤 외부의 폭풍우 속에서도 흔들리지 않는 단단한 행복의 씨앗을 발견하게 될 거야.

마음의 풍요

인간이 필요로 하는 정도를 넘어서는
참된 부유함이란 존재하지 않는다.

True wealth does not exist beyond what a human needs.

– 칼릴 지브란

너에게 '필요한 것'과 '원하는 것'의 경계는 무엇이니?

나는 불필요한 욕심을 버릴 거야!

칼릴 지브란

시인이자 화가, 철학자이다. 그의 작품은 신비주의적이고 영적인 통찰을 담고 있으며, 특히 《예언자》는 전 세계적으로 사랑받는 영성 고전이다. 그는 물질주의와 세속적인 욕망을 초월하여 인간 존재의 본질과 사랑, 자유, 지혜와 같은 가치들을 탐구했다.

우리는 목마른 사람이 바닷물을 마시듯 더 많은 것을 가지려 할 때가 있어. 돈이든, 옷이든, 게임 아이템이든, 친구들의 '좋아요'든.

하나를 얻으면 또 다른 하나를 원하고, 끝없이 더 큰 것을 쫓아가다 보면 정작 우리가 진정으로 필요한 것이 무엇인지 잊어버리게 돼. 커다란 배에 너무 많은 짐을 싣다 보면 결국 가라앉게 되는 것처럼 말이야. 진짜 필요한 것 이상을 채우려다 보면 오히려 마음이 무거워지고 자유로움을 잃게 되는 거지.

진정한 부유함은 통장 잔고의 숫자에만 있는 게 아니야. 그건 바로 네 안에 있는 보물 지도와 같아. 그 지도에는 '나를 행복하게 하는 것은 무엇일까?', '어떤 사람과 함께 있을 때 마음이 편안할까?', '무엇을 할 때 가장 나답다고 느낄까?' 같은 질문들의 답이 숨겨져 있어.

따뜻한 가족의 품, 친구와의 깊은 대화, 좋아하는 음악을 듣는 순간…. 어쩌면 이런 것들이 진정으로 부유하게 만드는 것들일지도 몰라. 물질적인 풍요가 주는 반짝임은 금방 사라질 수 있지만 이런 소중한 경험과 감정들은 너의 마음속 영원히 빛나는 보물이 될 테니까.

때때로 일탈

여행은 정신이 다시 젊어지게 하는 샘이다.

Travel is a spring for the spirit to rejuvenate.

– 한스 크리스티안 안데르센

너는 가장 가고 싶은 곳이 어디니?

나는 새로운 곳으로 떠나 재충전할 거야!

한스 크리스티안 안데르센

덴마크의 동화 작가이자 시인이다. 그는 《미운 오리 새끼》, 《인어공주》, 《벌거벗은 임금님》 등 전 세계 어린이들에게 사랑받는 수많은 명작 동화를 남겼다. 그의 동화는 환상적인 이야기를 넘어 인간의 감정과 삶의 지혜를 담고 있다.

우리는 매일 반복되는 일상에서 알게 모르게 많은 짐을 지고 살아. 익숙한 풍경, 똑같은 사람들, 쌓여 가는 과제와 책임감들이 때로는 우리의 정신을 지치게 만들고 마음을 굳게 닫아 버리게 하기도 해.

마치 오래된 우물이 흙으로 덮여 가는 것처럼 우리의 정신도 활력을 잃고 탁해질 수 있는 거지. 하지만 여행은 이 모든 짐을 잠시 내려놓고 낯선 공기 속에서 새로운 감각을 깨우는 시간을 선물해 줘.

새로운 풍경을 눈에 담고 낯선 소리에 귀 기울이고 평소에 맛보지 못했던 음식을 맛보면서 닫혔던 오감을 다시 열게 돼. 발길 닿는 대로 걷고 우연히 만난 사람들과 이야기를 나누며 예측 불가능한 상황에 부딪히면서 새로운 생각과 관점을 얻게 돼. 그리고 여행에서 돌아올 때 비로소 이전과는 다른 '나'를 발견하게 되지.

여행은 단순한 일탈이 아니라 우리 자신을 재충전하고 삶의 의미를 다시 발견하게 해 주는 소중한 과정이야. 너는 언제쯤 떠날 거니?

건강 챙기기

건강한 신체에 건강한 정신이 깃든다.

A sound mind in a sound body.

- 유베날리스

너는 건강한 신체와 건강한 정신을 위해 어떤 노력을 하고 있니?

나의 몸과 마음을 돌보며 균형 잡힌 건강한 삶을 살 거야!

유베날리스

로마 제국를 대표하는 풍자 시인으로, 약 서기 55년경 이탈리아 아퀴노에서 태어나 2세기 초까지 활동했다. 그의 작품을 통해 당시 로마 사회의 부패와 도덕적 타락에 대한 깊은 통찰을 엿볼 수 있다.

몸이 피곤하고 아플 때, 우리는 쉽게 짜증이 나거나 우울해지곤 해. 머리가 아프면 집중하기도 힘들고 몸이 무거우면 어떤 일에도 의욕이 생기지 않아. 이건 마치 컴퓨터의 하드웨어가 고장 나면 아무리 좋은 소프트웨어가 있어도 제대로 작동하지 않는 것과 같아.

우리의 몸은 정신이 머무는 가장 중요한 집이자 정신 활동을 위한 에너지를 공급하는 발전소거든. 몸이 아프면 정신도 병들기 쉽고 마음이 어두워지면 몸도 쉽게 약해질 수 있는 악순환이 시작되는 거야.

그러니 너의 몸을 소중히 여겨야 해. 좋아하는 운동을 꾸준히 하고 스마트폰 대신 친구들과 밖에서 뛰어놀고 인스턴트 음식보다는 영양가 있는 음식을 선택해야 해. 튼튼한 몸은 네가 꿈을 향해 나아갈 수 있는 단단한 토대가 되고 건강한 정신은 그 꿈을 현실로 만들 수 있는 무한한 에너지가 될 테니까.

너는 오늘 너의 몸과 마음에 어떤 선물을 해 줄 거니?

바른 행동이 주는 울림

당신이 세상에 줄 수 있는
가장 소중한 선물은 당신의 모범이다.

The greatest gift you can give is your example.

- 빌리 그레이엄

너는 상대를 말보다 행동으로 설득한 적이 있니?

나는 말보다는 모범적인 행동으로 다가갈 거야!

빌리 그레이엄

미국의 침례교 목사이자 세계적으로 가장 영향력 있는 기독교 복음주의자 중 한 명이다. 그는 수십 년간 전 세계에서 수많은 대중 집회를 통해 복음을 전파했으며, 여러 미국 대통령의 영적 조언자 역할을 했다.

말보다 강한 건 행동이야. 사람들은 우리가 말한 것보다 어떻게 살아가는지를 더 오래 기억해. 세상에 줄 수 있는 가장 깊은 감동은 큰 선물도, 멋진 말도 아니야. 진심을 담은 행동, 나의 삶 자체가 전하는 울림이야.

누군가에게 친절하게 대하는 모습, 실수했을 때 조용히 책임지는 태도, 아무도 보지 않을 때도 자신을 지키려는 마음. 이런 것들이 곧 너라는 사람의 무늬가 돼. 모범이란 완벽함이 아니라 작은 순간에도 진심을 담는 자세에서 시작돼.

네가 꾸준히 노력하고 정직하게 살아가는 모습을 통해 누군가는 용기를 낼 수 있고 또 누군가는 그걸 본받고 싶다고 느낄 수도 있어. 우리는 누군가에게 조용한 스승이 될 수도 있고 그저 있는 모습으로 따뜻한 등불이 될 수도 있어.

그러니 매일의 선택을 조금 더 정직하게 하고, 말보다는 삶으로 보여 주는 사람이 되자. 그러면 주변 사람들에게 큰 영감과 동기 부여를 해 줘서 세상을 조금 더 나은 곳으로 만들 수 있을 거야.

10대에게 꼭 필요한 인생 명언

초판 인쇄일　2025년 8월 1일
초판 발행일　2025년 8월 20일

지은이　　김이율
펴낸이　　김순일
펴낸곳　　미래문화사
신고번호　제2014-000151호
신고일자　1976년 10월 19일
주소　　　경기도 고양시 덕양구 삼송로 222, 현대헤리엇 업무시설동(101동) 301호
전화　　　02-715-4507
팩스　　　02-713-4805
이메일　　mirae715@hanmail.net
홈페이지　www.miraepub.co.kr
블로그　　blog.naver.com/miraepub

ISBN 978-89-7299-586-9 (03190)